渋谷円山町

迷宮の花街

Maruyamacho

本橋信宏
Motohashi Nobuhiro

宝島社

迷宮の花街

渋谷円山町

本橋信宏

わるいことと知りながらやめられないの。いつか罰があたるわ。

ルイス・ブニュエル監督作品『昼顔』より

プロローグ

渋谷は、地名が表すように「谷」でできている。

何万年もの時をかけて宇田川《うだがわ》と渋谷川の流れが台地を削って深い谷をつくり、西武・パルコの公園通りがある代々木台地、道玄坂《どうげんざか》を中心にした西渋谷大地、渋谷ヒカリエが開業した東渋谷大地、という三つの台地によって渋谷は成り立っている。

谷底は渋谷駅であり、駅前のスクランブル交差点は谷底に流れ落ちる水滴のように人々が集まり、四散していく。

スクランブル交差点を渡り、SHIBUYA109で二股に分かれる左側の道玄坂をのぼり、坂上を右に曲がると円山町《まるやまちょう》がある。

この地は古くは料亭と芸者の街として有名であり、いまでは林立するラブホテルの街として、また最近では若い世代が集《つど》う大型クラブの街として脚光を浴びている。

江戸時代末、安政六年（一八五九）の古地図を開くと、円山町は畑と林に囲まれ、大山街道が通り宿場町を形成していたのがわかる。

明治四十二年（一九〇九）になると集落が増えるが、雑木林がまだ残っている。

円山町を下ると神泉《しんせん》という湧き水の出る地があり、ここの水を沸かした弘法湯《こうぼうのゆ》の傍に料理旅館と芸妓屋ができたことから、円山町は花街として栄えていく。

大正二年（一九一三）、料亭・置屋・待合の三つがそろった三業地に指定され、大いに賑わいだす。

大正八年には、渋谷三業株式会社が創業し、大正十年には、芸妓置屋百三十七戸、芸妓四百二人、待合九十六軒。関東大震災直前には、芸妓四百二十人を有する都内有数の花街になる。

円山町の境界線ともいえる道玄坂は人が行き交い、夜店が名物だった。

流行作家になる前の林芙美子が道玄坂に夜店を出して、「二十銭均一」の札を下げたメリヤスの猿股を並べ糊口をしのいでいたのは、大正末のころだった。

森光子が舞台ででんぐり返しするのでも有名な、林芙美子作『放浪記』にこんな記述があった。

〈わけのわからぬ客を相手に、二円の収入あり。まず大慶至極。泥んこ道の夜店の古本屋で、チエホフとトルストイの回想を五十銭で買う。大正十三年三月十八日印刷。ああいつになったら、私もこんな本がつくれるかしら……。〉

いまでは街路樹が並ぶしゃれたペーブメントの道玄坂も、大正時代は泥んこ道であった。

鍋島藩荒木氏の所有だった円山町は荒木山と呼ばれていたが、花街として有名な京都祇園に近い京都円山町にならったのか、渋谷のなだらかな丘にあるからなのか、いつしか円山町と呼ばれるようになり、昭和三年（一九二八）、正式に円山町と命名された。

昭和十二年の古地図から、料亭や置屋が並び、芸者が行き交う光景が浮かんでくる。

東京の空襲は昭和十九年十一月から終戦の昭和二十年八月まで続き、渋谷も三度、甚大な被害を受けた。

終戦後、円山町は立ち直り、花街を維持していく。

昭和三十二年の地図には、料亭や置屋に混じり、テアトル渋谷、テアトルＳＳ、テアトルハイツ、といった当時最盛期を極めた映画館が立ち並んだ。

昭和五十二年の地図を見ると、現在のラブホテル街に近づいている。

ホテルペリカン、ホテルハイネス、ホテルみかど、ホテルニュー白川、ホテル山水……。

すでに無くなったり、改名したラブホテルも確認できる。

バブル期を経て、料亭が土地を手放し、ラブホテルはさらに増えていく。

一九七〇年代前半、西武・パルコに公園通りができ、対抗するように一九七九年、東急がＳＨＩＢＵＹＡ１０９を建て、最近では渋谷ヒカリエが建ち、渋谷は常に人の流れが変化してきた。

二〇二七年完成に向けて、いま渋谷駅周辺を激変させる再開発が始まっている。

宮益坂と道玄坂がV字になって渋谷駅を底辺とした「すり鉢型地形」が特徴の渋谷だが、近い将来、宮益坂と道玄坂をフラットに結ぶ巨大な連絡通路「スカイウェイ」が実現しようとしている。

渋谷駅のある谷底からスカイウェイまでは四層に分かれ、エレベーターやエスカレーターで上下移動の空間「アーバンコア」をつくり、誰もが歩きやすい「坂のない街」が誕生しようとしている。人の流れもさらに変わるだろう。

円山町近くにあるお好み焼き屋「一休」の女将《おかみ》さんは、「この辺に人が流れてこなくなるんじゃないかと思う」と不安そうにこぼしていた。

女将さんは昭和三十年代に地方から上京し、キイパンチャーという職業に就いた。コンピュータもまだパンチカードで入力する時代で、パンチングといってパンチカードに打ち込む花形の職業だった。お見合い結婚し、この店を切り盛りするようになった。

昔はこのあたりの商店主は皆、住まいを兼ねていたが、いまはほとんど住まいは別にあり、円山町の住人は少ないという。


渋谷駅前スクランブル交差点。

世界でもっとも大きなスクランブル交差点とされ、東京を象徴するシーンに必ずここの群衆が写される。一回の青信号で約三千人の通行者が渡る。

東京一混雑する交差点も、取材で出会った三十三歳の女性によれば、ずいぶん違ったイメージだった。

「九州から上京したとき、明け方渋谷駅に着いたんですよ。シーンとしてた。静か。早朝で駅前の大型液晶画面からピアノのバラードが流れて、女性シンガーが映ってるんです」

二十歳で上京した彼女は、その日、さっそく道玄坂でスカウトマンから声をかけられた。

「わたし、芸能人になるつもりないですよ。お笑い芸人ならいいですけど」

東京でスカウトマンに声をかけられたら、うまくやり過ごす口実を考えていたが、敵は上手だった。居酒屋で話しているうちに、円山町のラブホテルに連れ込まれ、やりたい放題されてしまった。

その後、女友達と円山町のアパートでルームシェアをしながらOLをして、現在は大手都市銀行のサラリーマンと結婚し、幸福な生活を送っている。

「いまでもスクランブル交差点っていうと、静かな光景を思い出すんです」

人それぞれの渋谷。

前作『東京最後の異界　鶯谷』の次にあたる東京の異界シリーズを企画するべく、私と宝島社の藪下秀樹、フリーランス編集者杉山茂勲は、ここ渋谷円山町を歩き出した。

本書の担当・藪下秀樹は、宝島社のベテラン編集者であり、『宝島』の人気コーナーVOWを担当し、編集者以外の顔として、カルトな映像作家でもあり、この手の世界ではあまりにも有名な人物だ。

伝説的音楽番組『イカ天』の後番組、『三宅裕司のえびぞり巨匠天国』、通称『エビ天』というテレビ番組があった。映像作家をめざす人間たちが厳しい審査を突破すると金監督の名称が授与される。藪下は数少ないこの金監督を授与された男であり、彼の撮ったユニークな映像は今や伝説化されている。この人物は監督だけでなく出演も果たし、私が強烈に記憶しているのは、藪下監督が上唇を見えない糸でぴくぴく引っ張っている一人芝居だった。

私は彼を見るたびに、つげ義春の名作『ねじ式』に登場する、左腕の傷を右手で押さえながら医者を探すシュールな主人公を連想する。

フリーランスの編集者・杉山茂勲も風変わりな道を歩んできた男だ。高校時代はラグビー部員として青春を過ごし、筑波大学・生物資源学類では蠅《ハエ》の研究に没頭し、卒業すると蠅ではなく女を研究しようとエロ系出版社で研鑽《けんさん》を積み、現在はフリーランスの編集者としていくつものベストセラーを送り出してきた。

鶯谷から渋谷へ、谷つながり。円山町は渋谷の中でも、鶯谷的である。ラブホテルが林立し、どこか昭和のレトロな空気が漂う。

円山町にはいまも料亭が三軒残り、かつて円山芸者と呼ばれた芸者が四名現役でいる。

ラブホテル街は、迷宮の街のように複雑に入り組んでいる。

私たちは歩いているうちに、何度も迷い込んだ。

私にとっての円山町は一九九七年、いまから十八年前、ある事件を取材したときの印象が強烈に残っていた。

東京電力に勤務する慶應義塾大学経済学部卒のエリート女性社員が、円山町のうらびれたアパートの空き室で殺害される事件が起きた。

彼女は夜ごと、円山町に立ち体を売る、フリーランスの街娼、俗に言うたちんぼだった。

昼と夜の顔の落差があまりにも大きかったために世間が震撼し、多くのメディアが円山町に殺到した。その中の一人に私がいた。

被害者はラブホテル街でも知られた奇行の主だった。

私は円山町の箱型（店舗型）ヘルス店長と知り合いだったので、彼から被害者の目撃談を聞いたり、他店のヘルス嬢に風俗嬢の心理を尋ねたりした。

被害者が定期的に付き合ってきた愛人の一人、広告代理店社長も直撃した。彼は円山町からほど近いある住宅街の一室を仕事部屋にしていた。

狭い部屋で社長が被害者との交際を延々と語り続けていると、日が落ちていつの間にか窓の外は暗闇になっていた。

被害者の生前を聞いているうちに、私は洞窟に迷い込んだような気持ちに陥《おちい》った。

薄暗い部屋で故人を語ったあの社長に、十七年ぶりに再会してみたかった。

私に被害者の深層心理を分析してくれたあのヘルス嬢にも、再会したかった。

円山町を歩いていると、いきなり三十代の男が真っ青な顔をして走ってきた。まるで何かに追われているかのように。

すると背後から中年の警察官が走ってくる。真っ青な顔をした男がぎりぎり逃げ切ろうとしたとき、向こうからもう一人、警察官が待ち構えていた。押さえ込まれ、駐車場の壁に両手を突かせられて、ポケットの中身を探られた。

円山町はつい最近まで、脱法ドラッグの店が混在する街だった。吸引者が相次ぎトラブルを起こすと、店がシャッターを降ろしたままになる。

酒井法子の元夫が覚せい剤所持で逮捕されたのも、この地だった。

私たちが取材で歩いていると、時折、赤色灯を回転させたパトカーが停止し、警察官たちが若者を壁に両手を突かせて、ポケットを探っている光景に何度かでくわした。これも〝壁ドン〟というやつだろう。

脱法ドラッグがこれだけ危険だと喧伝《けんでん》されているのに、いまだに吸引者が後を絶たない理由とは何か。

答えはひとつ、セックスがよくなるからだ。違法ドラッグも同じことだ。

これ無しではいられないほどの快感を味わってしまうと、わかっちゃいるけどやめられない状態になる。女と男が一緒にドラッグをやるようになるのも、性欲が昂進《こうしん》するからだ。

看板もネオンも無い、空き家らしき物件がいくつも並ぶ。

そのいくつかは脱法ハーブ販売店だった。またいくつかは地下カジノである。

手入れの行き届いた長い髪をなびかせて、若い女がビニールの暖簾《のれん》がかかっている建物に入る。ホテヘルの受付所だ。

誰も入らないような朽ち果てたスナックの前に、先ほどから若い女が立っている。

しばらくすると七十代のスーツを着た男がやってきた。眼光が鋭い。

ここはSMクラブの待ち合わせスポットだ。

この後、彼女は鞭で苛《さいな》まれるのだろう。いや、逆かもしれない。

バブル期、道玄坂の月極駐車場を借りようとしたら、十四万円という値段にたじろぎ断念した。いまでは三分の一ほどに下がっている。

あのころ、友人数人とこの地に半年ほど事務所を設けたときがあった。

雑居ビルには風俗店やAVプロダクションがひしめき、エレベーターに乗ると強面《こわもて》の男たちが入ってきたものだ。

二〇一四年秋――

私はJR山手線高田馬場駅から山手線内回りに乗った。

車内に入ると、異様な光景にでくわした。

太ももあらわなミニスカの婦人警官たちが十名ほど、つり革につかまっている。横を見ると、ドア付近に顔から真っ赤な血を流した若者がうつむいていた。

今夜はハロウィンだ。

悪霊を退散させ、秋の収穫を祝う祭りが、いつの間にかコスプレ大会のようになっていた。

思い思いのコスプレをすでに電車に乗り込む前からキメているのだ。

渋谷駅前スクランブル交差点は、人で埋め尽くされていた。昔の朝の新宿駅ラッシュ時のように身動きがまったくとれない。

いくらか空いたスペースでは白雪姫がミイラ男を路上で4の字固めしたり、白衣を真っ赤に汚した女医の群れが行進する。胸の谷間が強烈な悪魔のコスチュームもいる。

カオスだ。

地下鉄副都心線渋谷駅のロッカー前で、ハロウィンを終えた女の子たちが着替えていた。さっきまで思い思いに仮装していた女の子たちが、現実に戻っていく。

渋谷は、女たちが現実から空想の姿に変身する街だ。

女子高生は派手なアクセサリーとメイク、金髪のウィッグをつけてギャルになる。

私服から着物に着替え、喜利家鈴子は円山町の芸者になる。

東電エリート女性社員はSHIBUYA109で着替え、たちんぼをやっていた。

出産したばかりの新妻は、赤ちゃんを待機所に預けて、客に母乳を飲ませる風俗嬢になる。

渋谷は、女が変身する街である。


円山町の一角にあるラブホテルの屋上に上がってみた。

ここから街の写真を撮ろうとしたのだ。

すると真っ白な物体が、屋上を埋め尽くすかのように無数に転がっている。

私たちを招き入れてくれたラブホテルの女経営者が、教えてくれた。天気のいい日、こうして屋上で客が使用する枕を日光消毒しているのだ。

「枕、虫干ししてるの」

枕を踏まぬように歩き、柵の前に立った。

円山町を見渡すと、灰色の街と蒼い空がコントラストを描き、時間が止まったかのようだ。

雲が怪しく動き出した。

列車の音が聞こえる。

渋谷駅から一つ目、円山町にもっとも近い駅、京王井の頭線神泉駅に到着した列車だろう。

この駅のすぐ目の前のアパートが、あの殺人事件の現場だった。

殺されてから発見されるまでの十日間、遺体は空き室に放置されていた。ネパール人が逮捕されたが、十五年後、ＤＮＡ鑑定が決め手になり冤罪とされ釈放された。
真犯人はまだ捕まっていない。
私たちは何度も迷路に迷いながら、この街を活字にして残そうと思った。
小高い丘が私を惹きつける。

迷宮の花街　渋谷円山町―目次

プロローグ　3

第一章　花街の記憶　23
谷底の火葬場　24
円山料亭街のはじまり　27
森田芳光監督と円山町　33
万馬券で得た結婚資金　38
「きみを決して不幸にさせないから」　41
路地裏の恐怖　47
円山町の生き字引　49

第二章　円山芸者　59
円山芸者・鈴子姐さん　60

花柳界のしきたり　64
八十五歳のベテラン・小糸姐さん　74
芸者の岡惚れ　80
円山・花町・母の町　89
カミングアウトソングの時代　92
歌詞に秘められた思い　97
父の消息　101
ＮＨＫ紅白歌合戦にて　106

第三章　丘の上のホテル街

第三章　丘の上のホテル街　109
美人ラブホテル評論家　110
円山町のラブホテルを制覇した男　118
Ａ社長の豪快列伝　122
渋谷ホテル旅館組合にて　128

回らない回転ベッドの謎 134
ダムに沈んだ村からの移住者 136
コスプレパーティーに招かれて 140

第四章 風俗の街として

143
二十歳のヘルス嬢 144
渋谷発「電マ練習場」 148
円山町の母乳デリヘル 152
赤ちゃんをあやしながら 158
タバコと母乳 166
デブ専デリヘル 168
コンプレックスと優しさ 174

第五章　十八年目の東電ＯＬ事件

第五章　十八年目の東電ＯＬ事件　177
目撃者は語る　178
〝学級委員コンプレックス〟と〝娼婦コンプレックス〟　182
気鋭の女性エコノミスト　187
風俗ヒエラルキーの最底辺へ　191
「一回二千円」の謎　196
ゴビンダ論争　200
渋谷と巣鴨を結ぶ〝点と線〟　204
東電ＯＬの恋人〝Ｘ〟　207
事件現場のアパートはいま　211
〝Ｘ〟の綴った手記　215
消えた〝Ｘ〟　222
東電ＯＬを愛したもう一人の男　223
それぞれの東電ＯＬ　228

第六章　密会場所に向かう女たち……233

来月花嫁になる女　234
浮気相手が残したモノ　238
男たちに撮られた動画　241
結婚七年目のＰＴＡ副会長　244
デパート主任と寿司職人　247
男を夢中にさせる極意　252
メガバンク勤務のＯＬ　255
ミクシィで知り合った男　258
ご主人様とＭ女　261
コーヒー店で働く四十路妻　263
既婚者合コンにて　265
「明るいペシミスト」　269
シロガネーゼの火遊び　271

ＳＮＳ中毒　273
政治家とパーティールーム　278

第七章　死と再生の街……281
「渋谷道頓堀劇場」の支配人　282
ストリップ劇場の今昔　285
デリヘル嬢のＳＯＳ　290
今は無きカツサンドの名店　293
渋谷の死と再生　297
エピローグ　300

渋谷駅周辺MAP

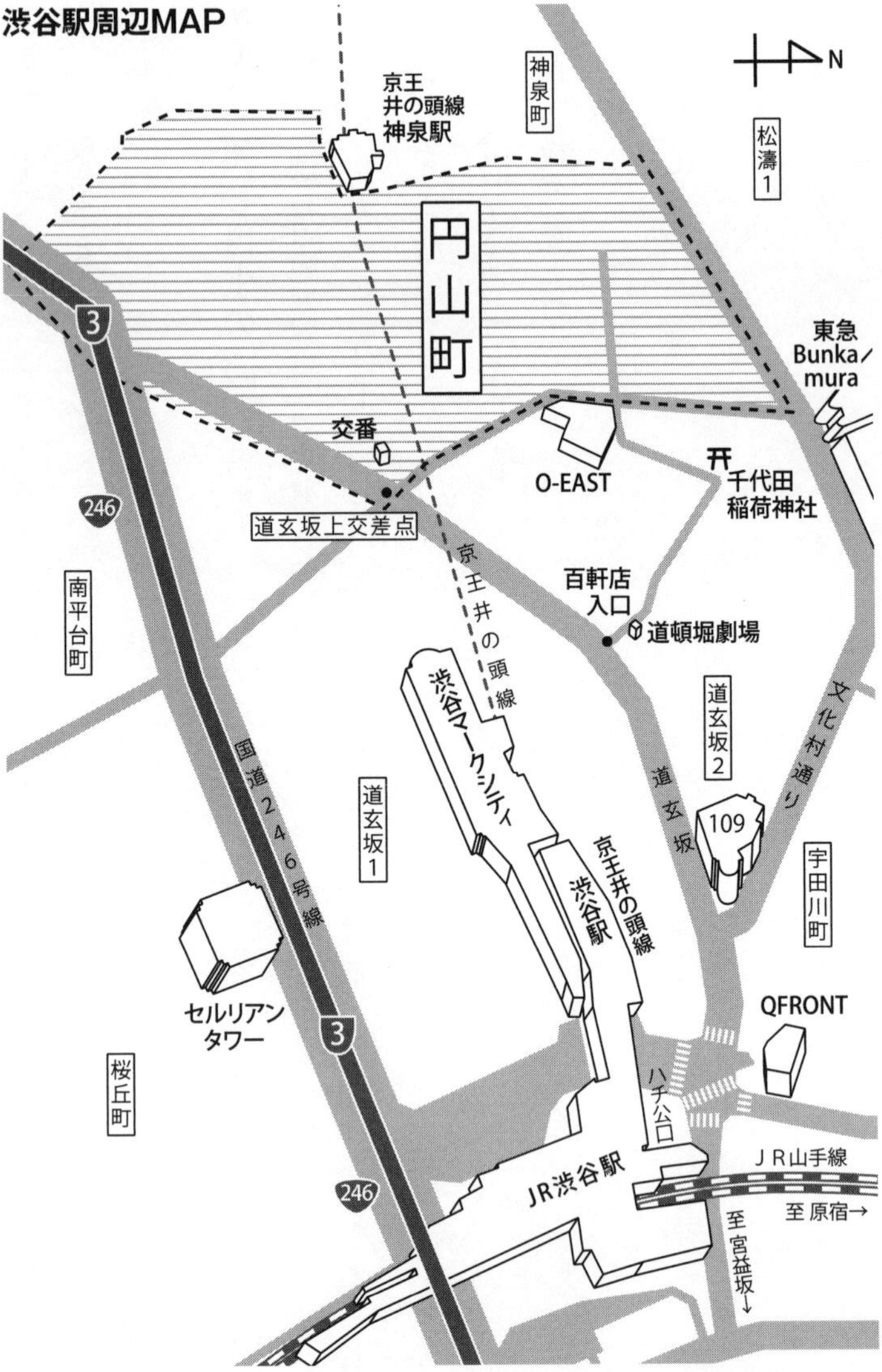
N
京王
井の頭線
神泉駅
神泉町
松濤1
円山町
東急
Bunka／mura
交番
O-EAST
千代田
稲荷神社
道玄坂上交差点
京王井の頭線
百軒店
入口
道頓堀劇場
南平台町
渋谷マークシティ
道玄坂2
文化村通り
国道246号線
道玄坂1
道玄坂
109
京王井の頭線
渋谷駅
宇田川町
セルリアン
タワー
QFRONT
桜丘町
ハチ公口
JR山手線
JR渋谷駅
至 原宿→
至 宮益坂↓
3
246

第一章　花街の記憶

谷底の火葬場

坂道が歓楽街をつくった。

人々の流れは上にのぼるにつれ歩みの速度を緩め、自然と滞留していく。滞留すると商業地や住宅街が形成されやすくなっていく。

円山町は渋谷駅周辺の中でも、もっとも小高い丘にある。

円山町と渋谷駅を結ぶ道玄坂は坂道であり、渋谷の中でももっとも賑わう道である。

渋谷駅方面から行くと道玄坂は上り坂になり、SHIBUYA109、ユニクロ、飲食店やカラオケボックス、さらにはサイバーエージェントをはじめとしたIT関連企業が立ち並ぶ。ビルの影から地味な女性が小さな声で呼び込みをしているのは中国マッサージで、ぼったくられる可能性がある。

土地の法則として高級住宅地はたいてい高台に形成され、ネオン瞬《また》く歓楽街・風俗地帯は低地につくられる。

東京でいえば、山手線の鶯谷駅を挟み、高台は上野寛永寺、東京藝大、国立西洋美術館や博物館が建ち並ぶ文化的香りが漂うのに比べ、低地にはラブホテルが林立する。江戸時代に低地だった吉原《よしわら》は遊郭として栄え、現在はソープランド街として名高い。新宿歌舞伎町も江戸時代は鴨猟がおこなわれる低湿地帯だった。

渋谷駅周辺の地形図

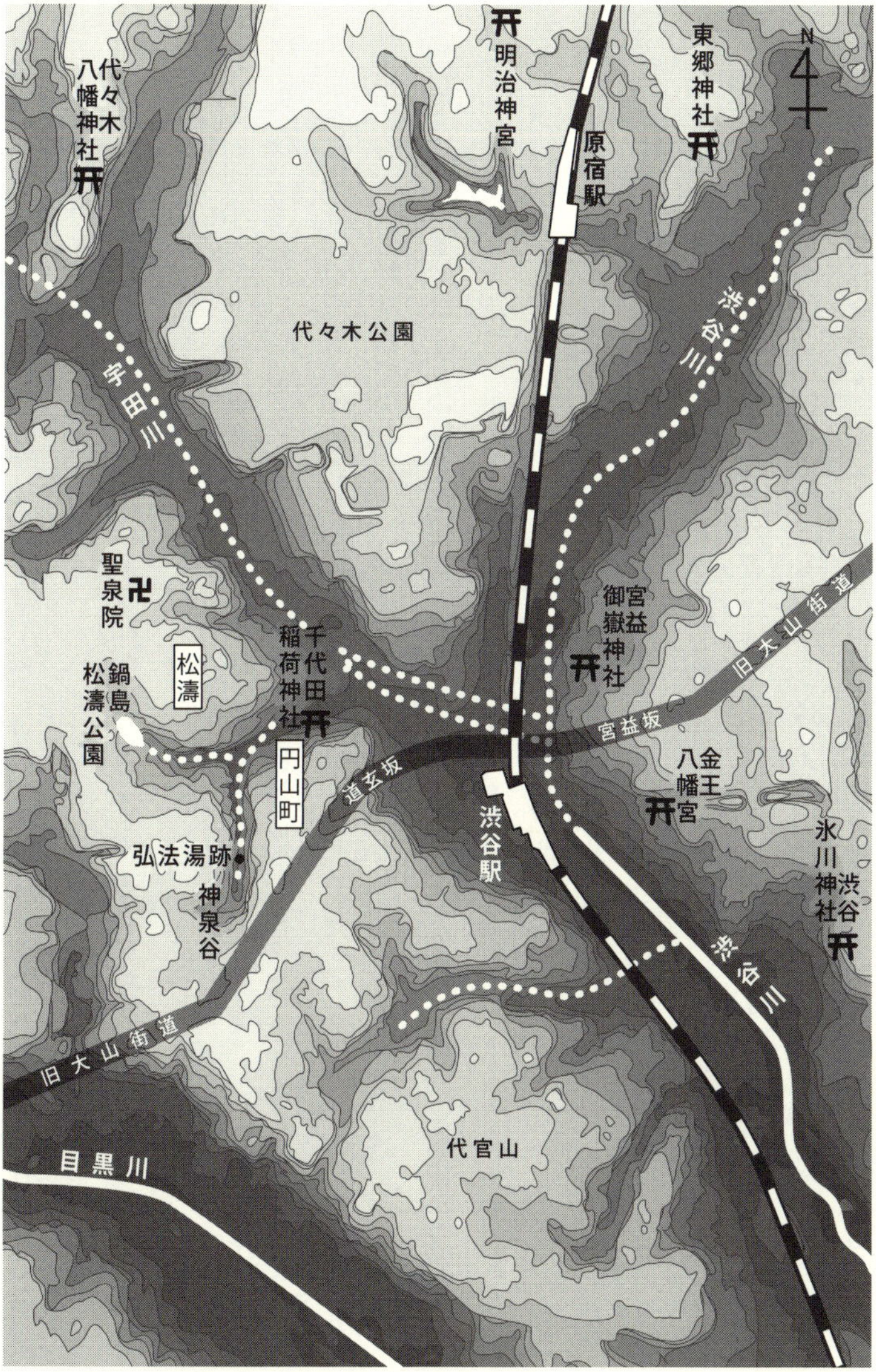
N
明治神宮
原宿駅
東郷神社
代々木八幡神社
代々木公園
宇田川
渋谷川
聖泉院
宮益御嶽神社
千代田稲荷神社
松濤
鍋島松濤公園
旧大山街道
宮益坂
円山町
道玄坂
金王八幡宮
渋谷駅
弘法湯跡
神泉谷
渋谷氷川神社
渋谷川
旧大山街道
代官山
目黒川

日当たりがよく水はけが良好で水害のない高台は理想の住宅街であり、低地は住むところではなく享楽を求めるところであった。

円山町が異質なのは、渋谷の高台にありながら、たくさんのラブホテルを擁する歓楽地帯という点である。


これには渋谷という土地の特性が大きくかかわってくる。

円山町は、〝渋谷〟と〝神泉谷〟という二つの深い谷に挟まれた丘の上にある。

神泉谷は現在の京王井の頭線神泉駅付近であり、江戸時代には火葬場があったことから、俗に「穏亡谷《おんぼうだに》」とも呼ばれていた。


穏亡とは、いまでは差別用語として封印された言葉であり、火葬場で遺体を荼毘《だび》に付《ふ》し、遺骨にする係のことを指す。最近では斎場職員、火夫《かふ》とも呼ばれる。もっとも火夫という呼称も職業差別的という意見もあって、近いうちに自粛される可能性が高い。

日本で火葬がおこなわれるようになったのには仏教の影響が強い。釈迦が火葬されたことで、仏教においては火葬は推奨された。


もっとも遺体を火で焼くという行為は、宗教が異なればタブーとなる。キリスト教では伝統的に火葬は反道徳的なこととされ、死者の復活を信じるユダヤ教、イスラム教でも火葬はタブーである。儒教色の強い中国、韓国でも最近までは土葬のほうが主流であった。

親からもらった体を焼く、という行為から日本でも火葬はタブー視されそうに見えるが、もともと高温多湿に加え狭い国土ゆえに土葬は不向きで、火葬が選ばれるようになった。
昭和四年（一九二九）発行『三都花街めぐり』（松川二郎・誠文堂）は、穏亡谷について入手できるもっとも古い文献である。

〈今の神泉谷あたりは往時は「穏亡谷戸」と云って、火葬場だった處《ところ》である。こゝで荼毘に附した亡者の冥福を祈る為に建立した大きな石の地蔵尊が、花街の入口、坂上の交番の隣りに『右　北澤道』など書いた石標と共に建っていたのは奇観であったが、道路改正にあたって取除かれ、今日は渋谷劇場横に新しく堂宇《どうう》をつくって祀られている。背に「文化」三年と刻んである〉

文面からすると、文化三年（一八〇六）以前、この地に火葬場が存在していたことになる。谷底だったことも火葬場ができた立地条件であっただろう。花街・円山町が隣接するのも、歓楽街と寺・墓地はしばしば隣接する関係によるものだ。ともに人々が普段暮らす土地ではなく、非日常の土地だからこそ隣接が生まれる。

円山料亭街のはじまり

隠亡谷には泉が湧き、その水を利用して公衆浴場ができた。神泉と円山町は、この浴場「弘法湯」の誕生を機に花街として大きく発展を遂げることになる。

神泉駅の目の前にある喫茶店経営者・佐藤豊は、かつてここにあった弘法湯の末裔である。喫茶店にはモノクロ写真で、昭和二十年代の神泉駅が映っている。車が走っていない道の真ん中で、佐藤少年が無邪気な笑顔を咲かせている。どこかの田舎駅のようなのどかな光景だ。

こんこんと湧き出た神泉の源はどこだったのだろう。

「駐車場があるんです。そこの脇がちょうど弘法湯の入口で、その左側の所にずっと湧いていたんですけど、大きなマンションを建てるので塞《ふさ》いでしまいました」

江戸時代よりもはるか昔、この地に湧き水がこんこんと湧いていた。豊富な水量でそこにいつしか湧水池ができた。弘法大師（空海）の像を背負って日本中を行脚していた僧侶がいた。この地を訪れると、湧き出る泉に感激し、「ここの湧き水は非常にいい」と農民たちにお墨付きをあたえた。

全国行脚する高僧は、庶民の公衆衛生についても詳しかったので、飲んでみたら、いままでいうミネラル水に感激したのだろう。高僧は自力で小さな浴槽を建てて、村人に冷泉を沸かして温泉にして入ることを薦《すす》め、去って行った。

高僧が背負っていた弘法大師の像は、七〇年代半ばまではこの地に祀られ、地域の人々が拝みに来ていた。残念ながらその像は何者かによって盗まれてしまい、現在、弘法湯を偲《しの》ぶものとしては、子供ほどの背丈の石碑がその場所にたたずんでいる。

〈弘法大師　右神泉湯道　明治十九年八月二十日建立〉

石碑の上部には、弘法大師の像が刻まれている。

ペットボトルが無かった時代、人々はやかんや一升瓶を持って冷泉の水を満たして持ち帰った。

明治初期まで弘法湯は、地域の住民が交代で冷泉を沸かして入っていた。交代で沸かすのが大変になって、佐藤豊の曾祖父が地域からの要望を受け、明治十八年に経営権を譲り受け弘法湯の経営を始め、弘法湯の隣接地に神泉館という料理旅館を併設開業する。これが円山花街料亭街の始まりである。

弘法湯の四代目、佐藤豊が円山町の発展を語る。

「明治二十年、弘法湯の前に芸妓屋を開業した人がいたんです。年とともに料亭や待合（芸者との遊興や飲食を目的として利用される場所を提供する貸席業）が次々に開店し地域が賑わい広がっていったようです。それで、少しずつ花街が形成されていったっていうのが円山町の始まりです。明治の二十年代後半くらいですね。それがどんどん広まって、明治の後半になると、もう一大歓楽街になってるんですよ、花街として」

明治期は富国強兵の時代であり、列強に対抗するべく陸軍は郊外に相次ぎ軍事施設をつくっ

弘法湯を偲ぶ石碑

ていく。円山町の近くでも代々木練兵場ができて、将校たちが社交場として円山町を利用するようになった。さらに大山詣でや富士山詣での通り道である大山街道の旅人が休憩に使い、円山町が発展する原動力となる。

弘法湯は、仕事で客の前に出る芸者たちもお湯に浸《つ》かりに来て賑わった。芸者衆はお座敷に立つ前に身なりをととのえる。いまなら美容室でセットするのだが、昔は弘法湯で身ぎれいにした。

道玄坂の上のほうは高級料亭が多く、道玄坂の下になるほど番頭さんや丁稚《でっち》さんといった庶民でも行ける小さな飲み屋が多かった。

賑わいは円山町だけではなかった。

円山町から広がった花街は道玄坂を下《くだ》り、大和田横町まで広がっていった。

この大和田横町は、与謝野鉄幹、晶子夫妻が最初に暮らした「新詩社」があったところでもある。

大岡昇平の自伝『幼年』には次のような記述がある。

〈大和田横丁には明治末から世田谷に出来た砲兵連隊、輜重《しちょう》兵《へい》連隊の兵隊や馬丁相手の私娼がいた。〉

〈大和田横丁は、円山花街より品が落ち、色街に近い状況となり、兵隊や馬丁相手の私娼など

明治44年弘法湯正面　提供：佐藤豊

大正時代の円山芸者たち　提供：佐藤豊

もいたところである。〉

明治末から大正にかけて、大和田横町の風紀が乱れ、問題になった。

佐藤豊の曾祖父、佐藤豊蔵が明治三十二年に料理組合を組織、大正元年に二業組合、大正三年に三業組合を立ち上げ初代の三業の組合長になったのも、風紀の乱れを正すためであった。

三業地とは、料理屋・芸者置屋・待合の三種の営業が許可されている区域の俗称で、料理屋・芸者置屋のみの許可地を二業地という。当時の東京の三業地としては、新橋・浅草・大塚・赤坂・向島・神楽坂などが有名である。

弘法の湯は一九七六年まで営業されていた。

森田芳光監督と円山町

私はいつか円山町を書く機会があれば、この人物から話を聞きたいと思っていた。残念ながら本人は二〇一一年暮れ、急性肝不全によって静かに地上から姿を消していた。森田芳光監督という忘れがたい名前を残して。

森田芳光は円山町の料亭「銀月」で育った、この街の生き証人であった。

私が使用した一九八七年版の手帳を開くと、五月二十日、東銀座の文明堂で森田芳光監督と黒木香の対談の構成者として立ち会った記述がある。

黒木香は当時、日本中を席巻したAV女優であった。

現役の国立大生で、大胆に脇毛を露出しながら品のいい山の手言葉で卑猥なトークをするいわばキャラの立った女子大生であり、私は毎週、『平凡パンチ』で連載されていた黒木香の対談シリーズ「黒木香のFACK'N TALK」の構成者として立ち会うことになっていた。

森羅万象を男女の性関係に結びつける黒木香独特の会話に、ゲストの森田芳光監督はたじろぐこともなく、切り返していた。

「僕は、花柳界の生まれなんですよ。家の隣がトルコ風呂だったんです。僕はいつもトルコ風呂の水の音を聞きながら勉強してたんですよ。だからもうトルコってのに行きたくて行きたくてしょうがなかったんです。隣に行ってみようかと思ってたんですけど、親がうるさいですからねえ（笑）。高校時代には〝参考書を買う〟と言ってカネもらって、池袋とか吉原のトルコに行ってましたよ」

円山町の生家のすぐ隣にはトルコ風呂があり、森田少年は日常の一コマとして円山町のトルコ嬢を見てきたから、偏見もなく、隣の家で働くサービス産業の女性という位置づけだった。

彼女たちの中には自立する女を先取りしたような颯爽《さっそう》としたトルコ嬢もいたであろう。

森田少年が見た現実のトルコ嬢は後に、ある創作物として結実する。

「それでこういうカッコいいトルコ嬢が出てきてもいいんじゃないかって撮ったのが、『の・ようなもの』の秋吉久美子さんのトルコ嬢」

森田監督の商業映画デビュー作『の・ようなもの』（一九八一年公開）は、主演の秋吉久美子がトルコ嬢役を体当たりで演じたことも大いに話題になった。

七〇年代、秋吉久美子といえばもっとも人気があった女優であり、クールな言動から〝しらけ女優〟などと呼ばれていた。映画出演時、秋吉久美子二十七歳、結婚して二年後の復帰作となったのがこの作品である。

倦怠感を漂わせながら男の気を惹きつける美貌のトルコ嬢は八〇年代前半あたりから急に増えてきて、秋吉久美子演じるエリザベスというトルコ嬢は、まさしく時代を物語る女であった。

主役はもう一人、栃木県出身、城西大学の落語研究会に所属していた伊藤克信であった。物語の舞台は東京下町、新人落語家の志《し》ん魚《とと》（伊藤克信）が、二十三歳の誕生日記念に初めてトルコ風呂に入る。相手を務めたエリザベス（秋吉久美子）はインテリで、二人は気が合い外で会う関係になる。

ある日、女子高校の落語研究会を指導することになった志ん魚は、その中の一人・由美（麻生えりか）を好きになり二股交際となる。由美とのデートの帰り、由美の実家へ立ち寄った志ん魚は、由美の両親に古典落語『二十四孝』を披露するのだが、由美の父（芹沢博文）から「なってないねえ。どうやって生活しているの？」と心配される始末だ。落胆しつつ志ん魚は深夜の下町を歩いて自宅まで帰る。歩いて浅草へ到着した明け方、心配してスクーターで駆けつけた由美が待っていた。

一方、パッとしなかった志ん魚の先輩・志ん米（尾藤イサオ）が真打ちに昇進することになり、ビアホールでパーティーが催される。エリザベスは引っ越しを決意し雄琴《おごと》にできた巨大なトルコ街に旅立つ。取り残されたような気持ちになった志ん魚は、志ん米のパーティーに加わり、漠然と広がる自分の未来について思いを馳せて映画は終わる。

全編にわたり、これから始まる八〇年代の午前の日差しにも似た清冽《せいれつ》な空気を感じる佳作である。後に八〇年代深夜番組で流行った日常生活に材をとった粋なナンセンスコメディを先取りしたかのような映画だ。

一九五〇年生まれの森田芳光監督は、幼いころから花街で育ち、芸者と客、表と裏、それぞれを見てきたために、人物を見る目も独特のものがあった。

キャスティングもユニークだ。志ん魚の先輩落語家に尾藤イサオという異色の歌手をもってきた（これがはまり役だ）。志ん魚の恋人、女子高生・由美の父は棋士の芹沢博文（いい味を出している）、エリザベスが路上で声をかけるなじみ客には漫画家の永井豪。どれも森田監督にとって思い入れがあるのだろう。

『の・ようなもの』のロケ地には、一九八一年当時の円山町が登場する。

ともに仕事をしてきた森田芳光の妻・三沢和子が回想する。

「映画の中に、若い落語家たちが夜お金がなくて帰れなくなっていたら、（春風亭）柳朝さん

映画『の・ようなもの』主役の伊藤克信と秋吉久美子
提供：㈱ニューズ・コーポレイション

がタクシーの中からみんなにお金をくれるシーンがあるじゃないですか。泊まるところがないので二人ずつラブホテルに行くのに、組み合わせを決めるジャンケン、あれがここ（森田芳光宅）の真ん前です。あれ、ここで撮ったんです。ラブホテル街があってちょうど家の真ん前で、（地図を指して）こっちから撮ってますね。いまはもうここはマンションかなんかになっちゃってますけど」

画面では、ホテル白百合、サンパレス、パステルといった一九八一年当時現存していたラブホテルが背景に映り込んでいる。

万馬券で得た結婚資金

森田芳光監督が暮らしていた料亭「銀月」は、ラブホテル群とトルコ風呂に挟まれた場所にあった。

三沢和子と森田監督との出会いはまだ無名時代にさかのぼる。

すでに自主映画界では森田芳光の名は有名で、友人の紹介で出会って意気投合すると、三沢和子は料亭「銀月」に通うようになった。

料亭だから入口はいくつかあり、森田芳光の部屋まで直行できた。レコードがたくさんあるので、そのころ街にあったジャズ喫茶に行かなくても用が足りた。

三沢和子の暮らす西武池袋線ひばりヶ丘駅周辺のまだ雑木林が残る牧歌的な土地とはまった

く異なる花街は、都会を感じさせた。

三沢和子が森田監督の幼いころのモノクロ写真を見せてくれた。

児童劇団に所属したころの写真、日舞を舞う姿、料亭の前で撮った写真がある。坊ちゃん刈りで品のいい少年だ。これでは円山町の粋なお姉さんたちに可愛がられたことだろう。

映画監督として食えるようになるまで、森田芳光は飯田橋のギンレイホールで夕方からアルバイトし、夫人は山の上ホテルで同じ時間ピアノを弾いていた。稼ぎは夫人のほうがはるかによかった。

森田芳光は監督デビューする前、競馬の稼ぎを生活費の足しにしてきた時期がある。

森田流必勝馬券法は、一番から五番人気の中から来そうな単勝馬券を買い、第一レースを千円買ったら、第二レースを二千円、第三レースは四千円と倍買いしていく。そうすると三回に一回は当たるので、手元に増えた金が残るというものだった。

「それがもう、とりあえず監督になるまでこれで食い繋《つな》げるわ、と思うくらい上手かったですよ。お金がないから、毎週土日、千円の一点買いか五百円の三点買い。毎週絶対に何万円かになってたんです」

二人は両家の親から早く結婚して籍を入れなさい、と言われてきた。両人ともその気でいたのだが、肝心の資金が足りない。

「(一九七六年)一月二十五日のアメリカンジョッキークラブカップで、いまでも憶えてるん

若い頃の森田芳光監督と三沢和子のツーショト

だけど、ホワイトフォンテン、コクサイプリンスっていう逃げ逃げの馬券で、当時千円で七万八千円くらいになったのかな。それで教会で式を挙げられるってことになったんですよ」

森田芳光が競馬に目覚めたのは祖母・森田まつの影響だった。

祖母は円山町の三婆の一人として有名で、火鉢を前にキセルを吸う、花街によくいる粋なおばあさんであった。常連客の会社経営者たちは、いなせなおばあさんにきつい言葉を投げかけられたいと、おばあさんがいる帳場までやってくるほどだった。

おばあさんは芳光少年を場外馬券売り場に連れていってくれたり、花札まで教えてくれた。

料亭の二階にあった祖母の部屋から、代々木公園ができる前の在日米軍住宅地「ワシントンハイツ」がよく見えた。ビルが建ち並び、空が狭い現在の円山町からは想像もつかない展望である。一九六四年十月十日、東京オリンピック開催日、森田少年はここから五機のブルーインパルスが五輪マークを上空に描いたのを目撃している。

森田監督による当時の円山町を再現したイラストには、今の東急本店から坂を上がる途中のラブホテル街も野原になっている。

「きみを決して不幸にさせないから」

『の・ようなもの』は公開直後から大ヒットとなった。

斬新な演出とともに異業種からのキャスティングが評判を呼び、なかでも秋吉久美子をトルコ嬢として起用したことが大きかった。

三沢和子プロデューサーの回想――

「秋吉さんは口説いてないですよ。出てくれたんですよ、交渉したら。でもあの脚本は、みんなわけわかんないはずですよ。だって、この映画自体が、当時、みんながものすごいびっくりしたわけでしょう？　脚本はもっとわからない。余計なこと書いてない脚本だから、普通わからないはずですよ。だから、秋吉さんとマネージャーの方が相当新しいことやりたいと思ってらしたのか、感性も合ったのか。だって、秋吉さんと尾藤イサオさん以外、ほぼ素人ですからね」

主役の志ん魚役はなかなか決まらなかった。寄席という寄席をすべてまわって候補者を探してみたが、なかなかふさわしい新人は見つからなかった。

ある日、テレビを見ていたら、『全日本学生落語名人位決定戦』を放送していた。そのなかで城西大学落語研究会の学生をたまたま見かけた。

「こいつだ！」

役柄のイメージとぴったり重なった。

池袋の喫茶店で出演交渉をしたのだったが、すでに学生は保険会社に就職が決まっていた。

「それで会って、まあ最初に一番気になってるから〝就職は決まられてるんですか？〟と尋ねたら、すごい立派な保険会社に就職が決まってるって言われたので、言いだせなくなっちゃって、もう三十分くらい私は世間話をして、どうしよう、どうしようと思ってたらいきなり伊藤君が、〝ところで、あなた、なんのためにここに来てるんですか？　何か用があるんじゃないですか？〟って言うから、そこで私も、〝もちろんあるから来たに決まってる〟って勢いで言ったんです。〝あなたもね、もう就職が決まってるんだから、そっちを選ばれても全然構いません。わたしたちは、是非（出てくれ）と思っているけど、あなたの人生なんで〟っていう話をしたら、就職を断って、出てくれたんです」

とどめになったのは、森田監督がささやいた「きみを決して不幸にさせないから」という言葉だった。

私はこのセリフを聞くと、森田芳光監督の代表作『家族ゲーム』で松田優作が教え子に威圧感たっぷりにささやくシーンに重なってくる。

制作費は三千万円かかった。現在なら五千万円強、新人監督としては相当の負担だ。

資金は家を担保にして借りた。

息子が打って出ようというときに、親もなんとかしてやろうと思ったのだろう。

「当時は、まだトルコ嬢というのは、お金に困ってやってるみたいな、不幸を背負ってる人がやるイメージがあったんですけど、森田本人は料亭の息子じゃないですか。だから、〝そういう目で見ないでほしい。芸者衆も何もみんな普通の人間ですよ〟と言いたかった。〝トルコ嬢だって、別に悲壮感なく、お金が欲しいから割り切ってやる女性がこれから出てくる時代だ〟ということも作品化したかったんですよね。

結局、ここのお家にいると、子どものころから茶の間はお帳場じゃないですか。そうすると、もうしょっちゅう芸者衆が合間に来ては、客の噂話したりとか全部聞いてるわけですよね。で、お客がしゃべっているのも全部聞いてるわけじゃないですか。こういう環境だったのが絶対人間観察には役に立ってるんですよね。だから、〝小学生のときから人間の裏表を見た〟って言ってましたよ。芸者衆にしろ、お客さんにしろ。若いころはそういう環境は普通だと思ってたでしょうけど」

実際に黒木香の対談で会ったときの森田芳光監督は、気さくな男といった印象だった。モテるだろうなと思った。このとき三十七歳の監督であったが、どこか少年っぽい。

たまたま私の事務所のアシスタントの女性が森田監督のファンで「色紙にサインをもらってきてほしい」と懇願してきた。私がどんな映画俳優や歌手と会っても色紙をもらってきて、とは頼まないのに。

森田監督にとっても黒木香との対談は印象に残っていたようだ。

「森田は黒木さんとお会いする前に、〝絶対あの人は頭がいい〟って言ってましたけど、〝やっぱりお会いしたら、頭がよかった〟って言ってましたよ。〝面白かった〟って言ってました」

秋吉久美子が映画の中で、志ん魚を残して雄琴に旅立つシーンがある。八〇年代前半、滋賀県大津市の雄琴に巨大トルコ地帯が誕生し大いに賑わった。秋吉久美子が吉原から雄琴に移っ

円山町の生家前でポーズをとる少年時代の森田監督

たのも、稼げるからであった。

八〇年代初頭から、トルコ風呂も変化しつつあった。なかでもこのころ登場した「ワンツー」と呼ばれる入浴料一万円・サービス料二万円という、それまでの合計金額の倍近い料金をとって過激なサービスを提供する店が登場すると、稼げるからと、若いトルコ嬢が集まり人気を博すようになった。

秋吉久美子が雄琴に引っ越すのもまさしく八〇年代初頭の風俗業界の流れであった。円山町育ちの森田監督はその辺も把握した上でシナリオ化しているのだった。

ちなみにこの映画上映時はまだ〝トルコ〟という呼称である。

三年後の一九八四年、トルコ人留学生がお国の名前が風俗産業に使われていることに抗議し改名運動が起こり、トルコ風呂は「ソープランド」と名称が変更された。

留学生が直訴した当時の厚生大臣は渡辺恒三、留学生の直訴に協力したのは当時中東評論家だった小池百合子。後に小池は衆議院議員となり防衛大臣までのぼりつめ、渡辺は民主党最高顧問として政界のご意見番となっている。

作品には売れる前の小堺一機・ラビット関根（関根勤）がホモの漫才コンビで登場したり、落研の女子高生たちのなかに女優志願だった十代のころのエド・はるみも見られる。登場する若い女たちはみな強いパーマをかけ髪が黒い。

『の・ようなもの』は、これから始まる八〇年代のきらきらした時代を予感させ、未来に不安を感じながらも明るい空気があった。

映画資金の三千万円は返済したものの、料亭は何年も前に廃業していた。後に森田芳光はインタビューで答えている。

「もう悔しいですよ。だって、あの家があればロケセットにもなるし、スタッフルームもつくれるし、打ち上げまでやれましたから。でも、あのとき売らずに、僕に商才が備わってでもいたら、今頃僕はラブホテルの経営者だったかもしれないよね（笑）」

路地裏の恐怖

「八〇年代前半、自分、子どものころだけど、円山町を歩くと、何なんだこの恐ろしいところは、っていう思い出しかないです。昔はただのやる場所だけじゃないですか。いまでも子どもながらに憶えてますけど、要はこんなところに誰かに引きずり込まれたら、金を全部盗られちゃうなっていうのがありましたね」

渋谷で幅広く飲食店を経営する会社社長のAが回想する。

「小学生時代、あのラブホテル街って、まあなんかちょろちょろ歩き回るのが好きだったんです。ガキのくせして。あの時代って誰もいないんですよ、昼間のホテル街って。いまじゃあれだけ人がいるけど」

一九六九年生まれのAが小学生のころ、円山町を歩くと不良に囲まれて何度かカツアゲに遭った。

「子どものころって、渋谷も治安が悪くて、歩いていると必ずカツアゲに遭うんです。千円持ってるだけでもう盗られます。自分は何回も遭ってますから。小学生狙うんですよ。普通に歩いてると、中学生か高校生にビルの屋上に連れていかれて、いきなりナイフ突きつけられて、〝カネ出せよ〟って。そういうの何回もありました。まあ刺すことはないにしても、危ないですよね。

だから千円ぐらいは持ってるんですよ。いつも千円ぐらい盗られて終わる。それが何度も。昔ってほんとに治安が悪かった。円山町って迷路みたいじゃないですか。いまはクラブだとかライブハウスができたけど、昔はもっと迷路でした。いったん路地裏に入ると誰もいないです。迷ったらどうやって帰るんだろうみたいな思い出を、いまでも憶えてるんです」

渋谷で事業をやりながら、外車ディーラーとしても繁盛している。

第三章にも登場するこの人物、夜の世界でも実業界でも成り上がりの有名人である。

過去に破天荒なことをやってきた男に共通するように、彼もまた鋭い双眸《そうぼう》と焼けた肌、むこうっ気の強い表情がしばしば顔に出る。この顔つきならいまでは決してカツアゲに遭うことはないだろう。

円山町は刻々と変化している。

円山町の生き字引

私と藪下秀樹、フリーランスの編集者・杉山茂勲は時間をつくると円山町を昼間から取材のために歩きまわった。

夜が更け、円山町はラブホテル、ホルモン料理屋、バー、小料理屋のネオンが瞬き、酔客の声が聞こえ、そのかたわらで黒塀の料亭は静かにたたずんでいる。

私たちは路地裏のお好み焼き屋に入った。

ここは明治初期に建てられた芸者の置屋を改築したものだと、係の若い女性が説明してくれる。トイレも欄間《らんかん》も固い木でできていて、長年の時の効力で鈍く光っている。隣の部屋では若い女性たちがにぎやかな声で食事中だ。生まれてからずっと欧米風の生活様式に慣れ親しんできた若い世代にとって、この店のように古風な雰囲気はかえって新鮮に感じられるのだろう。

黒塀と竹で囲まれたお好み焼き屋を出ると、ひんやりと夕暮れの夜風が首筋にあたる。歩き出すと、突然信じられない光景が目に飛び込んできた。

ラブホテルと駐車場に囲まれた一角に、二階建ての民家が建っている。それは遊園地のお化け屋敷よりも崩れかかっていた。

モルタルの壁はあちこちが崩壊し、二階の屋根も半分近くはがれ落ち、大きく面積をとった窓部分のガラスもほとんど割れ、風呂場の煙突も崩れかけている。

よくここまで家全体が崩れることもなく、踏みとどまっているものだ。

外部からの来訪を拒否するかのように、玄関にいたる通路には木材や石が置かれている。

無人なのか。

私たちはやっとのことで敷地に入り、「ごめんください」と何度も声をかけてみるが、中からは人の気配らしきものが感じられない。廃屋《はいおく》なのだろう。

円山町のど真ん中にこんなお化け屋敷のような民家が朽ち果てたまま残っていることに、何かこの家の因縁を感じる。廃屋のことを聞いてみようと、隣の民家を訪ねたが、あいにく留守だ。

翌月、初冬の午後、本書のカバー写真を撮るために、前回『東京最後の異界　鶯谷』のカバーを撮った東良美季が合流し、午前中から被写体を探した。

ビルの非常階段から円山町を俯瞰で撮ってみたり、ラブホテルの屋上から撮ってみたり、もっと高いところはないかと、道玄坂沿いのビルの最上階まで上ってみたり、このあたりで一番高さがある「E-スペースタワー」の高層レストランの個室から円山町を睥睨《へいげい》した。

空には季節外れの入道雲が湧き上がり、早い速度で移動している。

どこに行っても、なかなか撮影ポイントが見つからない。

私たちは円山町の路地裏を歩き回った。平日の午前、ラブホテルで一泊した男女があちらかこちらから姿を現す。

道玄坂沿いの高層ビルから俯瞰した円山町

東良美季と杉山茂勲がカメラを持っているからか、ラブホテルから経営者と思《おぼ》しき中年女性が不審な顔をして出てきた。

「何かご用ですか」

ご用はご用なのだが、この女性に用はない。

この街を取材していると伝えると、ほっとしたかのように引っ込んだ。

ラブホテルと駐車場に囲まれた一角に抜け出てきた。するといつか見たあの廃屋があった。

気のせいか、この前見たよりも崩落は進んでいるようだ。

どうしてここまで放置されているのか、何か取り壊せぬ理由があるのか。

もしかして廃屋には住人が物言わぬ冷たい骸《むくろ》になっているのではないか――。

玄関に行き着くまでの短い通路には、いまなお木材や石、何か痕跡をとどめない物体が転がっている。

なにか異臭がする。

予感は現実となるのか。

見ると、器に盛られたペットフードのようなものだった。

猫の鳴き声がする。

人がいるかどうか声をかけてみたが、反応がない。もう一度、ドアをノックしてみた。

しばらくすると、中から、はーい、という声がしてくる。

人がいる。

物音がして、ゆっくりとドアが開いた。

住人なのか。

出てきたのは小柄な老人だった。

白いひげを生やし、白い洒落たジャンパーを着こなしている。米軍横田基地の古着ショップのおやじみたいな人物だ。

「すいません。こちらにお住まいの方でしょうか？」

「ああ、そうだよ」

「いま、私たちは円山町を取材しているところでして――」

私と藪下が縷々《るる》説明し、話を聞きたいと申し出ると、おやじは笑みを浮かべた。

「ああ、いいよ」

失礼ながら私には、廃屋《はいおく》の怪人という言葉が浮かんだ。

「何年前からお住まいなんですか？」

「私は五十年近い」

「ご主人がここに住む前から、この建物はあったのですか？」

「あったの。これ、こっち見りゃわかる。蝶々が彫ってあるから、ほら、見て」

玄関の欄間には、意匠を凝らした二匹の蝶々らしきものが彫ってある。

「オスとメス。こっちがメス。こっちがオス。料亭だったんだよ。それをね、私、買ってここへ来たの」

「ご主人が買って」

「ここへ来たの。四十七年前に買ったんだから、何年ごろになるかな」

ご本人が名字を名乗ったが、たしかに表札らしき紙に書かれた名字も同じだ。

聞くところによると、かつては大田区のあるところに一軒家を構えて住んでいたが、娯楽施設ができることになり、等価交換で土地をゆずりこの円山町に移ってきたという。

「料亭だったんですね、当時。居抜きで買ったのでしょうか?」

「料亭だけど、もうそのころ流行ってなかったんだね。だからもう閉店みたいなもんで、ほとんど」

「じゃ、ご主人が買われた昭和四十年前後より前に、この建物は建っていた?」

「建てられたのはね、昭和二十年」

「終戦直後?」

「そう」

「当時、お洒落だったんでしょうね、ここも」

「うん、このへん料亭いっぱいだったんだよ。いっぱいだったんです。あそこに『三長《さんちょう》』さんがあるよね」

「おでん屋の『ひで』も前からあったんですか?」

「ああ、あったあった、あるある。あれはなんか最近だよな。あれはそうだ、最近」

円山町の生き字引がここに住んでいた。

二階の屋根は崩れ落ち、雨風が入り込むこの家でどうやって暮らしているのだろう。

「壊れっぱなしだよ。野良猫いっぱい入ってきちゃってるよ。井戸もあるけど出ない出ない」

「補修とかはあまりなさらない?」

「ホシュウ?」

「補修工事」

「しないしない。私は自分で勝手にやってんだ、壊れたところ」

「ここの土地譲ってほしいとか、言ってくる人いるんじゃないですか?」

「うん、それは来る、不動産屋さんはね。売らないって言ってるから大丈夫だよ」

「ご主人、身よりとか親族は?」

「もうほとんどいないよ。私はもう八十近いんだもの」

「失礼ですけど、昭和何年生まれですか」

「昭和十二年。もう七十七歳か、八歳」

「お元気そうですね。お仕事何やってらっしゃったんですか」

「仕事はいまやってない、何も。若いころは飲食店やってた」

「しかし渋いですね。このご自宅。玄関に蝶々が舞っているなんてしゃれてますよね」

「ここが入口だけど、壊れちゃったからもう」

「崩れかかってますよね。これ、失礼ですけど、区の人とか、ここは地震のとき危ないから補修したほうがいいんじゃないかとか、そんな話は?」

「来る来る」

「この間の東日本大震災って、そうとう揺れたんじゃないですか」

「揺れたーっ! ミシミシミシって、もう泡食っちゃった!」

「でも、崩れなかったんですか」

「壊れたところもある。瓦が落っこったりさ」

「でも、ご主人、失礼ですけど、お風呂とか壊れてませんか、これ」

「お風呂? お風呂はこっちにある」

都心にこんな仙人が暮らしていたとは。この家の主は、年金暮らしでこの都心の真ん中で、時の流れに逆らうことなく生きている。

「朽ち果てるままにというのは、何かご主人の信念があるんですか?」

と私が質問すると、ご主人「それはある」。

「でも、風通しよすぎて、寒くないですか?」

「寒いよー」

テレビで無人島暮らしの仙人を取り上げることがある。他人とコミュニケーションをとるのが苦手な人なのかと思うとそうでもなく、撮影スタッフに快活に話すので、意外に思うときがある。ここの洒落たジャンパーの老人も、よく話す。

人間、やはり他人と関わっていたいのだ、ある程度は。

私たちが取材のお礼を述べると、廃屋の怪人、いや、ご主人は快活に挨拶をかわしたのだった。

朽ち果てたこの家も、五十年前は芸者や客で賑わう花街の一角だったのだろう。

意匠を凝らした二匹の蝶々には、あらためて料亭の洒落た粋を見る思いがした。

芸者の代わりに野良猫三匹が住み込み、時は悠々と流れていく。

明治期からの置屋を改築して営業中の
お好み焼き屋『すずめの御宿』

第二章　円山芸者

円山芸者・鈴子姐さん

一九八〇年代中ごろ、高校を卒業し山口県下関市から叔母のいる渋谷円山町にやってきた一人の女性がいた。

叔母の薦めもあって、この地で芸者としてやっていこうというのだ。

同期の芸者衆はみんな辞めたけれど、その女性は「鈴子」という円山町を代表する芸者として今もお座敷に呼ばれている。

「芸者さんはめでたい席に呼ばれますからね。お通夜には呼ばれたことないですから。〝おめでとうございます〟とか、〝めでたいやつを踊ってください〟とかね、楽しいときに呼ばれる立場ですから、お客様に対しては、いつも縁起のいい人間でありたいと思いますね」

「ということは、あまり暗い芸者さんは大成しないということですか?」

「暗いことに何の意味があるのかと思うし。あはははは。まあ馬鹿みたいに明るいのも困りますけどね。あんまり暗いっていうのは困りますよね」

私たちは円山町のおでん割烹「ひで」のお座敷で、現役の芸者・喜利家鈴子から話を聞いた。

「うちのおっかさんが、お茶、お花、お琴とか好きで、お琴はもう小学校のころからやっていて、だから芸事にはすっと入っていったんですよ。それで東京に遊びに行ったとき、円山町で芸者をしていた叔母から〝手伝ってくれ〟って言われて。踊らなきゃいけないので、見習いをして稽古事に励んだんです。踊りと鼓《つづみ》と三味線と唄と舞いも全部やってます、一通り」

すでに芸事はある程度学んでいたとしても、いきなり十八歳が花柳界に飛び込むのも勇気がいったことだろう。

「鈴子さんが十八のころ円山町に来たとき、この街の華やかさと和服は印象的でしたか？」

「もちろんもちろん。芸者さんは着物ですしね。うちの場合、叔母の家に住まわせてもらって半年くらい見習いをして、それから一年後にはもう置屋の近くに自分のアパート借りてね。十八歳から日本髪でずっと出てましたからね。

ホームシックっていうよりも、右見ても左見ても、年寄りばっかりだなっていうのはありましたね。お客さまもお年を召して。姐さんたちも親以上の年齢だったし。置屋のお母さんはそのころ七十でしたからね」

鈴子が上京した当時、円山町は、大小合わせて三十軒近くの料亭があった。

芸者はおよそ五十人、芸をやらないお酌だけの人も入れたら、七十人くらいいた。

黒塀の中から聞こえてくる三味線、太鼓、小唄。

料亭のシンボルでもある黒塀は、灰渋という縄の灰を柿渋《かきしぶ》で溶いた塗料を板塀に塗ったものだ。黒色の塀は高貴な印象を与え、汚れも目立たず、また隠微な雰囲気を感じさせる。

料亭に入る政治家を送り迎えするのは、黒塀の脇にずらりと止まる黒塗りの高級車だ。

政治家、代々続く呉服店、一部上場企業の重役、中小企業経営者、芸能界関係者、スポーツ選手。高額所得者たちが夕暮れ時から円山町に集まりだし、宴が催される。

親よりも年上の芸者衆のなかに混じり、十代の鈴子は毎日、座敷に出た。

オンザジョブトレーニングというのはこの世界でもあるようで、毎日客の前で唄、踊り、三味線、琴といった芸事を披露しているうちに芸は上達する。人の気を反《そ》らさない話は、場数を踏んだからだろう。

「うちの叔母さんは自分の置屋に入れないで、あえてわたしを芸のうるさい、一番いい喜利家という置屋に入れたんですよ。いい置屋に入るっていうことは、いい料亭にも行ける。その代わり、芸事も厳しい。衣装もちゃんとしなきゃいけない。その代わり、芸者の値打も決まるわけですよね。だから、十八の同い年の子もいるんだけど、置屋が違うと、入る料亭も違ったりしてあんまり会わない」

芸事に厳しい置屋の喜利家に入ったことで、芸事に磨きがかかり、生き残っていく。

十代の同世代も何人かいたが、踊りや唄といった芸がないとだんだん指名が減って、辞めていく。

「うちら、呼ばれてなんぼですからね。待合の女将さんが呼ぶより、お客さんが呼ぶのが基本ですよね。だけども、置屋が、〝あの子、呼べませんよ〟って言うと、諦めなきゃいけない。だから、それはいい家（料亭）で変な子（芸者）を呼ばないし、変な家でいい子も呼べない。

円山町の芸者・喜利家鈴子

この世界はお客様の秘密もちゃんと守るし、ちゃんと芸もできて、お客様の前でも恥をかかない衣装を着て出るというところですからね」

「つらいこと、なかったですか？」

「つらいっていうか、若い子が芸者さんになろうとしてこの世界に入ってきますわね。で、わたしがいちばんつらいのは、安定収入がないってことですよ、やっぱり。芸人さんと一緒だからね。それで地方の花街ではサラリーマン制にしてるんですよ。給料制。でも、そうするとね、綱渡りみたいな突き詰めた緊張感がないのね」

「ということは歩合給ってやつですか？」

「歩合じゃないのよ。だから、売れなきゃゼロよ、あなた。たとえば、お名指しでしょ？　売れる子はどんどん売れていくわけよ。指名だから、指名、指名」

花柳界は華やかな世界に見えるが、内実は厳しい世界だ。

花柳界のしきたり

ここで花柳界の専門用語を解説しておこう。
＊芸者　唄や舞踊、三味線などで宴席の客を楽しませる和装の女性たち。芸妓、芸子とも言う。

＊置屋　芸者が所属する芸者衆のプロダクションみたいなところ。
＊料亭　日本料理を出す高級料理店。芸者を呼び、酒と料理を楽しみながら芸者の芸を鑑賞する場でもある。
＊待合　芸者との遊興や飲食を目的として利用されるレンタルスペース。料亭（料理屋）との違いは、席料を取ることが待合の主な収入源となり、料理は直接提供しない（仕出し屋などから取り寄せる）。
＊三業地　置屋・料亭・待合の三種の営業が許可されている区域のこと。
＊見番《けんばん》　三業組合を管理する事務所。置屋を統括するところ。芸者衆の芸の稽古場にもなる。
＊姐《ねえ》さん　芸者を親しく呼ぶときの呼称。何歳になっても姐さんと呼ぶ。
＊花代《はなだい》　芸者を呼んで待合や料亭で宴席を設ける場合の代金。玉代《ぎょくだい》ともいう。
＊線香代　花代、玉代と同じ。昔、時間を計るのに線香を燃やして計ったことからこのような呼び方になった。
＊後口《あとくち》　お座敷に出ている途中、他のお座敷に呼ばれること。
＊地方《じかた》　三味線・唄・鳴り物・笛などを受け持つ人。
＊立方《たちかた》　踊りをおどる人。
＊糸　三味線のこと。

＊つけっぱなし　時間無制限での芸者遊び。
＊御座付《おざつ》き　芸者が宴席に呼ばれて、踊りや歌を披露すること。
＊岡惚れ　恋人のいる人や、親しくないあまり知らない人に密かに恋すること。
＊一本《いっぽん》　お座敷で客をもてなす時間、約一時間のこと。

芸者といえばなんといっても和装である。

私は女性の和服にはまったく関心がなかったのだが、お座敷で接する鈴子姐さんの和服姿は非日常の享楽を感じて、なかなかいいものだと思う。

「このあたりは昔、全部黒塀だったもんです。もうズラッと料亭さんでね。黒いハイヤーがバーッと並んでて。蛇の目でこうやってたら（傘を粋にさすポーズ）、もう声かけられたもん。〝夜目遠目笠の内〟っていってね。〝あ、お姐さん、お姐さん、どこに入ってるの？〟とか言ってさ、絵になるから。ちょっとこう雪でも降ってね、日本髪でこうやってると（しんなりと歩くポーズ）」

「街頭で声かけられるんですか？」

「他の料亭に入ったお客さんなんかでもね。それは冷やかしじゃなくてね、〝どこのお家入ってるの？〟みたいなね。そういうお客さんも多かったわけ。いまみたいにビルじゃなくて、全部もう和のお家だった。お昼はね、料亭さんのお部屋がほとんど稽古場になってるから、わたしらもお稽古に行くとき、長唄の師匠、こっちは踊りの師匠って、あちこちの家（料亭）に行ったもんです」

今日の鈴子姐さんのお召しは付下《つけさげ》である。

付下とは、女性の和服で訪問着を簡略化したものだ。

鈴子姐さんは七、八分で着てしまう。

着物は四百着持っているという。

「鈴子さん、今日のお召し物はおいくらくらい？」

「おいくらくらい？　あははは。忘れちゃったけど、だいたい、三十万、四十万、五十万の間」

「そうか、そんなにするんだ。ご自身で買うんですか？」

「あたぼうです」

江戸っ子が使った〝当たり前〟という意味の俗語を、久しぶりに聞いた。

「〝どうしても買わせてくれ〟と言うたら、買わせてあげるけど。あははは」

料亭で芸者を呼ぶ常連客は、たいてい会社経営者や大手企業幹部といった功成《こうな》り名遂《なと》げた男たちである。

いつもおためごかしを聞かされている彼らにとって、鈴子姐さんのような物怖じしない振る舞いは快感なのであろう。

今回はカメラマンとして座敷で撮影している杉山茂勲などは、鈴子姐さんから「ボク」と呼ばれた。三十七歳の男にとってこれも快感であろう。

花柳界に遊びに来る客には呉服屋、下駄屋、三味線屋といった周辺で代々営業する店の旦那が多く、鈴子にとっても常連さんだ。

料亭によって常連客も異なるという。

「ゼネコンの方が多いとか、商社の方が多いとか、東急さんが多いとか、西武さんが多いとか、お家（料亭）によってお客様のカラーがあるわけ。やっぱりお客様同士、顔合わせるのも嫌だったりするし。だからお家に色ができてくるんですよ。お客様も、〝あそこはアズマ（東急）が多いから、やめにしておこう〟とかね」

私は、実は一度だけ京都祇園で遊んだことがある。

祇園は一見《いちげん》さんお断りなので、紹介で入った。関東地方では「芸者」、京都では「芸妓」、芸者の見習いを関東地方では「半玉《はんぎょく》」、京都では「舞妓」と呼ぶ。

祇園で芸妓、舞妓を呼ぶときは、お茶屋という店に呼ぶことになる。ここは料理を出さず仕出しになるので、関東地方でいう料亭ではなく待合にあたる。

芸妓の唄と踊りを鑑賞し、料理をつまみ、お座敷遊びに興じる。

たとえば金毘羅船々《こんぴらふねふね》というお座敷遊びは、唄と三味線に合わせて客と芸妓が互いに向かいあい、台の上のはかま（徳利《とっくり》の受け皿）に交互に手を乗せる。台の上にはかまがある場合はパーを出す。台の上にはかまがないときはグーを出す。間違えたほうが負け。

金毘羅船々はだんだん早くなり、間違えやすくなる。たわいない遊びだが、芸妓と客の距離が縮まる最適のお座敷遊びだ。

祇園の舞妓は関西出身ではなく、地方から来ている場合が多いと聞く。着物を着て唄と踊り、三味線、太鼓を奏でる和風の文化が、若い女性たちにとって新鮮に感じられるようだ。

「テリー伊藤さんの本、よく読んでます」と、白塗りの二十歳そこそこの舞妓が言ったときは、祇園も変わりつつあるのだと感じたものだ。

「たとえばお座敷で鈴子姐さんを呼んだら、だいたいいくらくらいかかるんですか?」

「お店によってだから。ここ(おでん割烹ひで)だったら、ここの料理と飲み代に、玉代が一時間一万円としたら二時間で二万円とか」

いつか遊ぼうと思っていたのか、藪下秀樹はほっとした表情で「そんなもんでいいの?」と声を発した。

「あら、そんなもんですよ」

「一回五十万くらいかかるのかと思ってましたよ」と藪下。

「アホかいな、そんな高かったらみんな潰れるわ。お客さんを潰したら元も子もないから。そんなの取りません」

「そうなんですかあ。そうしたらば、別に変なお店行くよりもこういう所でお姐さん呼んだほうが全然楽しいじゃないですかあ」と藪下。

「そうなんですよ。それ、大正解なのよ。よくそこにたどり着きましたね、答えが。あははは」

「いや、本当そう思いますよ」

「それを言わせたかったみたいな。あははは」

仲居さんがおでんを持ってきた。

「まだこれからお座敷があるから、あんまり酔わんように」と仲居さんが鈴子姐さんを突っつく。

「でもやっぱり〝飲め〟って言ったら、飲まなきゃ失礼やろぅ?」

「そうそうそう。おっしゃる通り」と仲居さん。

円山町には現役の芸者が鈴子姐さんを含めて四人いる。そのうちの二人は鈴子姐さんのお弟子さんだ。

「もうじき来るけどね。顔見てください、可愛いよ。(お座敷に)呼ばれるのは少ない、少ない、少ない。だからわたし、『藤むら』ってスナックやってるのね、そこにあの子たち、着物姿でバイトさせてますもん。本当、お座敷に呼ばれなかったら干物状態ですよ、あなた。だからイベントがあれば、〝行ける所あったら行きなさい〟って言って、行かそうとしてるんですけどね。

普段はお練習してますけど、大変ですよ。昔のように一日に五カ所も六カ所も呼ばれて行く芸者だったらね、毎日がお勉強なのね。あっちでも踊ったりこっちでも喋ったりとか、場数ね、やっぱり。同じ六、七年でもさ、お座敷が毎月一回か二回だけだったら、お稽古してもやっぱりね」

「そのお二人、年おいくつなんですか?」

「三十と三十半ばだったかな」

「なんでこの道にやって来たんですか?」

「わたし、七、八年前に『ザ・ノンフィクション』っていうテレビの番組出たんですよ。〝黄昏《たそがれ》なんとか〟っていう題で出てね。もう錆《さ》びれゆく、みたいな。その撮影のときに〝どうしたら、ここ(円山町)に人が集まるのかって考えましょうよ〟ってことになって、〝やっぱり、それは若手がいなきゃだめでしょ〟ってなってね。パソコンとプリンター買っちゃって、円山町界隈にもう単刀直入に〝芸者募集!〟みたいなポスター貼ったら、それ見て応募してきたの。けっこうやることやったんだよ、あなた」

鈴子姐さん、会話がなんだかポップである。着物を粋に着こなしながら、会話がそのままDJの掛け合いのようなのである。そう私が言うと——

「いや、そんな。ありがとう」

このあと午後七時から、この店で鈴子姐さんと若手の芸者二名が他のお座敷に出る予定だ。

「あ、来た、来た、来た。おいで。三人で撮る?」

鈴子姐さんのお弟子さん二人が着物姿で登場した。

着物姿お三方がそろうと、またこれが絵になる。

店の玄関前に移動し、写真を撮らせてもらうことにした。行き交うサラリーマンが立ち止まり、撮影を見ている。

「では、鈴子姐さんが真ん中で」と私。

「スクラム組んだらおかしいわね。二人ともカメラ慣れしてませんけど」

私たちは店の前で三人の芸者衆を撮った。

「お名前はなんておっしゃるんですか？」と私が質問した。

「葉月といいます」

「三吉《みよし》です」

花柳界とはまったく無縁の世界から飛び込んだ新戦力である。

稽古に励むこと八年。二〇一四年十一月十九日、葉月と三吉は目黒雅叙園《がじょえん》で喜利家鈴子が主催した第一回「まるやま会」というディナーショー形式の席で、初舞台を踏んだ。

黒の着物姿で登場し、舞踊や太鼓を披露した。緊張しながらも堂々としている。

およそ八十名の観客たちは新人の芸を鑑賞したのであった。

声援が飛び、写真を撮る客がたくさんいた。

演目が終わるたびに盛大な拍手と励ましの声が鳴り響いた。

向かって左から葉月・鈴子・三吉。「おでん割烹ひで」にて

八十五歳のベテラン・小糸姐さん

鈴子姐さんから昔の写真を借りることになり、弘法湯四代目の喫茶店で再会したのは、十一月の土曜日の午後のことだ。

数日前の鈴子姐さんはあでやかな着物姿だったが、土曜日の今日は私服である。雰囲気ががらっと異なる。

芸者の私服、というのもまたいいものだ。

私たちの斜め前には、小糸姐さんというもう一人の円山芸者が腰掛けている。

小糸・鈴子・葉月・三吉。

この四人が円山町の芸者全員である。

最盛期にはここ円山町に四百二十人いた芸者衆も、現在はこの四名。円山芸者のあかりを灯し続ける貴重な四人だ。

このなかでもっともベテランなのが小糸姐さんである。

年齢を尋ねたら、目の前のベテラン芸妓は嫌がらずに答えてくれた。

「生まれは昭和四年です」

私の母親とまったく同い年ということになる。八十五歳。

今も現役で三味線を弾き、鈴子姐さんが踊る。

「お元気ですね」と私が率直に感想を述べると、「おもて面《づら》だけです」と小糸姐さん。

「こういう商売してますとね、やっぱりお座敷行くと、あんまりオバアちゃんになっちゃいけないでしょう。いくらオバアちゃんになっても、多少のお作り（化粧）はして行ったりします。それでお客様から〝里心がつくよ〟なんて言われちゃってね。わたしは華やかに行きたいほうなんですよ」

小糸が生まれたのは東京・目黒だった。

戦時中、空襲に遭って危うく命を落とすところだった。そのせいか「いまは死ぬのは全然怖くないですね。変なこと言うようですけどね、何があっても驚かない」と言う。

職人の父親は芸事が大好きだったので、小糸は六歳からお稽古事をしてきた。

「ちょうど私が十九でタバコ吸って、二十歳で芸者やったんですよ。うちのおとっつぁんの煙管《きせる》できざみを吸ったのが初めて。それでね、芸者になっちゃったんですよ。うちの親の伝手《つて》でね、五反田へ出たんです。もう山手線のぐるりに花柳界がありましたでしょう。田端とか大塚とか五反田から品川、田町にもあったでしょう。田町は裏表ありましたからね、花柳界が。その山手線の枝々にまた花柳界があったわけですよ。二子玉川だとか、新丸子とか。

それで五反田の目黒川のそばにも花柳界があったんですよね。それが東京オリンピックのもっと前に区画整理になって、道が広くなっちゃうんですよ。料亭さんも置屋さんも、道路が広がっちゃうと駄目なんですね。狭いくらいがいいんです。神楽坂みたいに細い路地があるほうがいいんですね。花柳界はあっち行ったりこっち行ったりできるほうがいい」

鈴子姐さんも同意する。

「そうですね。やっぱり道から一歩入ったところのほうが、お客さんも入りやすいでしょう」

小糸姐さんが円山町に来たのは二十四歳のころだった。ということは昭和二十八年。日本がやっと占領から解放されたころだ。

「わたしが五反田から円山町に来たときはね、円山町に立つとね、もう渋谷駅のほうが丸見え。何もない。焼け野原でしたよ。リキパレスは後から建ったんだから」

リキパレスとは、戦後最大のヒーロー、空手チョップの力道山が膨大な稼ぎを得て建てた総合スポーツ施設「リキ・スポーツパレス」の略称で、一九六一年に完成した。

一九六二年から翌年にかけて『週刊少年マガジン』に連載された梶原一輝原作・吉田竜夫画『チャンピオン太《ふとし》』は、梶原一騎初期の大ヒット漫画で、力道山の愛弟子、少年レスラー大東《だいとう》太《ふとし》が活躍する物語だ。

同時期にテレビドラマ化され、テレビ画面にたびたびリキパレスが映し出される。力道山自身も本人役として登場し、なかなかの役者ぶりを発揮している。

リキパレスはいまはもう跡形もないが、位置でいうと道玄坂を上がっていく途中左手、いまの渋谷マークシティの傍にあった。六〇年代には道玄坂を象徴する建物であった。

「円山町に出るようになって、小糸姐さんもこの辺で暮らすようになったんですか？」

母と同年齢の芸者さんに質問した。

「そうです、そうです。ずっとここで住んでました。楽しかったですよ。つらいことは全然なかった。わたし、お酒一滴もいただけないんですよ。お酒一滴もいただけないでこういう商売するっていうことは、その雰囲気が好きなんでしょうね。それも芸のうちだって、お客さんがおっしゃってくれましたけど」

鈴子姐さんが加勢する。

「飲んでるふうに見えるから、全然平気。全然平気」

私は小糸姐さんの話を聞いているうちに、前からずっと謎だったあることについて尋ねてみる絶好の機会だと思った。

一九五〇年（昭和二十五）公開の『夜の緋牡丹《ひぼたん》』（主演・島崎雪子／監督・千葉大樹）を観たときのことだ。

小説家志望の青年役に伊豆肇、芸者役に島崎雪子。島崎雪子はハーフのような顔立ちをした美人女優であり、『七人の侍』の村娘役としても有名である。

物語は、売れない小説家の隆介（伊豆肇）に芸者タイ子（島崎雪子）が献身的に尽くすのだが、隆介は同じ作家志望の美樹（月丘夢路）と懸賞小説に入選したことを機に知り合い、酔った勢いで同棲をはじめてしまう。美樹は闇の世界の男・鉄（龍崎一郎）に好意を抱いていた。嫉妬した隆介は対決を要求、死を賭して対峙する。その勇気をたたえて鉄は身を引くのだが、死に直面した隆介はあらためて自分のことをずっと慕ってくれるタイ子のもとに帰ろうとする。

言ってみれば、島崎雪子は『うる星やつら』のラムちゃんである。さえない男をずっと追いかける。どんなに足蹴にされても慕い続ける。男から見たら少々重たいが、可愛い存在である。

その物語の中で、伊豆肇はお座敷に芸者・島崎雪子を呼ぶ。酔っている伊豆肇が「何かやれ」と言い放つと、島崎雪子は着物を脱ぎ捨てる。着物の下は水着だ。そのままダンスを踊る。

芸者と水着とダンス。不思議な組み合わせだ。

作中で島崎雪子はダンス芸者と呼ばれている。聞き慣れない名称だ。

ダンス芸者とはいったい何か？

本人が作中で「どうせわたしはみずてん芸者」というセリフがある。

みずてん芸者とは、客と平気で寝る芸者、という意味であるが、ダンス芸者というのはいろいろ調べてみてもわからない。

そこで花柳界の生き証人、文化遺産、絶滅危惧種と自虐的な紹介をする小糸姐さんに尋ねてみようと思った。

すると――

「あら、伊豆肇、懐かしいですね」

「ご存知ですか。うちのお袋も大好きで。伊豆肇」

「昭和四年ですね、やっぱり。オホホホ」

「あの映画、いい物語なんですよ。島崎雪子がダンス芸者の役なんですけど、ダンス芸者って何なんですか？」

「あ、ダンスね。ありましたよ。あの当時流行ったの。着物を着てダンスするのね。組になって踊ってましたね。それからわたしのちょっと先輩なんですけど、お座敷でギターを弾いた芸者さんがいましたからね」

「島崎雪子はね、水着になって踊ってましたよ」

「それ、終戦後でしょう？」

「そうですね。昭和二十五年です」

「だからもうそのときはいろいろありでしたよ。芸者がお座敷で手品やったりね、ありましたよ。見ました、そういうの」

「それは円山町で？」

「いいえ、違います。五反田です。面白いでしょう。いましたよ、ギターを弾いたりね」

お座敷で芸者がギターを弾いたり手品をしたり、数名で創作ダンスのようなものを踊ったり。終戦後、芸者の世界も既存の価値観が破壊され、お座敷に様々なスタイルで客をもてなす芸者が誕生したのであった。

長年の謎が氷解した。

事典にもネットにも紙資料にも載っていない俗事の事柄は、小糸姐さんのように年配者からの口承記録として掘り起こすしかない。

鈴子・小糸の両姐さんの話を聞きながら、私たちはあらためて芸者の生命力の強さを感じるのであった。

芸者の岡惚れ

鈴子姐さんが稽古事で永福町まで出かける時間が迫ってきた。

ベテランになっても稽古事は欠かせない。踊りも唄も日々、練習していないと、芸の切れが鈍るからだ。

芸者の収入について尋ねた。

お座敷では一本を一時間として数える。

芸者は一日に何本稼げたかで実入りが決まる。

料亭が減ったいま、一日で二本、二時間呼ばれたら平均的で、一日で六本稼いだら三日間稼いだことになる。

景気がよいときには〝是非もらい〟というのがあって、お座敷に呼ばれていても他の料亭のお客から呼ばれたりすると、「じゃ十分行ってきます」と言ってよそのお座敷に十分間だけ顔を出す。

たった十分間でも一本分に数えられる。〝是非もらい〟とは、客から「是非きてくれ」という意味から来ている。

この是非もらいが三件あれば一気に三本分の実入りが入ることになり、是非もらいがたくさんあるほど芸者の実入りがよくなる。それに加えて、ご祝儀が渡される。

鈴子姐さんによれば――

「だから芸者は宵越しの金をもたないって言われてて、けっこう派手な着物を買ったりとかしたわね。昔はだいたい貯蓄する芸者っていなかった。そんなの、貯金なんかしたら笑われたもの。お着物作っちゃうとかさ、華やかにしないとね」

「お金の計算をしませんでしたね」と小糸姐さん。

「したらいけなかったの。でもそんなね、そのときはいいけどね。そんなこと若いうちだけで、そんなにいつまでも続くわけがないものね」と鈴子姐さん。

先輩格の小糸姐さんは動じない。

「明日は明日の風が吹くですよ。いまがそうよ、わたし」

「(小糸)姐さんはそれでもいいよ。ここまで来れたからいいわね。ここまで来れなくてさ、いろんな人いるじゃない。(お座敷に)呼ばれなくなって仲居さんになったりとか、苦労した人もいたりね。芸がないとか」

客から呼ばれなくなると、芸者を廃業するしかない。

「そうよ、（実入りが）ゼロだもの。誰も助けてくれない。だって、〝この子呼んでやって〟ったってさ、嫌々呼ばれたって、お客さんも面白くないし、本人も居場所がないしね」

それでも小糸姐さんはつくづく「芸者はなんていい商売なんだろう」と言う。

「八十過ぎてもお呼びがあれば行かれるでしょう。それできれいな着物着てチャラチャラ行かれるからね。こんないい商売ないと思う」

鈴子姐さんたちを呼ぶ場合は、「おでん割烹ひで」や「三長《さんちょう》」、「良支《よしき》」といった料亭に連絡して呼ぶことになる。

円山町の花街が衰退した理由を鈴子姐さんが分析する。

「大事にしてたお客様がどんどん亡くなられたからね。かといって新規のお客様をどうやって入れるかっていっても、新規の入れ方が難しい。ＩＴ関係とか中国系のお金持ちとか、そういうのをボンボン入れる所もいまあるんですよ。そうなるともう若いコンパニオンでいいわけ。もうわたしたち、こんなババア要らない」

バブル崩壊やリーマンショックの影響はないという。それよりも馴染み客が一代でいなくなったことだという。

「渋谷というのは割と大きい会社の雇われ社長が多いんですよね。だから、保険会社、銀行屋さん、そういう大きい会社の本社があったのね。そういう雇われ社長たちが贔屓《ひいき》にしている料理屋で贔屓な芸者を呼ぶと、その雇われ社長が会社を引退したら、〝もうごめんな〟って言って料亭に来ないいんですよ。贔屓にされていた芸者さんも、雇われ社長の引き継ぎの人には可愛がられなかったりする。だから、なんていうのかしら、〝贔屓〟っていう言葉がもう脆《もろ》いのね」

接待費で遊びに来る大手企業幹部よりは、代々続く自営業者のような客のほうが、長続きするという。

「わたしがなんで生き残ってるのかっていったら、個人のお客様をもってたから。〝みんなでご飯食べるからね、ちょっと座敷作ってくれ〟とか、接待じゃなくて、円山を使ってあげようぜみたいなお客様ね。〝鈴子ちゃんも踊り見せて〟みたいなね。だからそういう個人のお客様をもってないと難しいですよね」

芸者を呼ぶ男たちは、財力がある。数多《あまた》の成功者たちを見てきた鈴子姐さんによる、いい男の条件とは？

「それはね、お茶目で可愛くて、誰よりも人の世話がちゃんとできる男。やっぱり親分肌な人よね。二（枚目）も三（枚目）もできる男で尻拭いもできる男。やっぱり面白い人、トンチがいい人ね」

芸者は結婚したら引退するしかない。

鈴子姐さんも小糸姐さんも結婚したことはない。惚れた男はいるのだが。

「ここだけの話、いろいろ誘惑もあったんじゃないんですか？」

「いや、ないないないない。わたしね、怖い顔してるみたいで、あんまりね、あんまりナヨッちくなかったんでね」

「ナヨッちくなかった？」

「そう。ナヨッちくなかった。〝よし、お前は俺がいなきゃ〟みたいな女じゃないから。もっとナヨッちく生きていけばよかったなって思いますよ。遅いんですけどね。だからあんまり誘惑がないの。男って、ナヨッちいほうに行くのよ、どうしても」

「たしかに」

「もう、決まり手は泣き落としみたいな、エエーンみたいな。そういうのがうけるの」

「というのもあるけど、鈴子姐さんみたいに、さっぱりしてるのもいいですよ」

「そう？　それはそれで、好みの問題でね。でも、わたしのお客様はわたしの手も握れないようなのばっかりだったんですよ。もう二十年以上の贔屓のお客様ばっかり。だから結局、こういう性格だから、〝おい、生きてるのか、この野郎〟みたいなね、〝お前より先に逝かないよ〟みたいな。お互いにね、家庭にも入っていかないし。

　だから恋愛じゃないんですよ、その手前なんですよね。それが芸者と贔屓のお客様の関係かなと思うしね。私生活も喋らないし、わたしも聞かないし。娘がどうしたとか、息子がどうしたとか関係ないでしょ？　一人の男の方《かた》として遊ぶわけだからね」

「つぶし島田」の髪型で毎日お座敷に出ていた頃の鈴子

「でも、好きになった人、いるんじゃないですか？　お客さんに惚れちゃうこともある？」

「一回だけね」

「どんな感じの人？」

「え？」

「どんな感じの？」

「どんな感じ？　まあモテる男よ。身長はね、百五十センチでね。え？　顔は（スター・ウォーズの）ヨーダみたいな顔してるんだけどね。魅力があったね、やっぱりね。男の味を知った女しかわからないの。顔とかお金じゃないのよ、あなた、やっぱりいい男は。いい男っていうのは、やっぱりね、口で言えないね」

　小糸姐さんは、好みのタイプの客がいるときのことを打ち明ける。

「ほんと、もうね、商売柄いろいろお座敷行きますでしょう。岡惚れとかあって。ちょいとあの人いいわねっていう、ちょい惚れですね。岡惚れよりちょい惚れのほうがわかりやすい。お座敷にこんばんはって入ってって、〝あら、ちょっとあの人わたし、好みだわ〟っていうときがあるんです。いいわねっていう人がいるとね、横に座らないんです。あえて前に座るの。わたしはもう絶対に横へ座らないの。前に座ってね、ちょろちょろっと顔見てるの。横だと顔見えないしね。そうするとね、もうとてもお座敷が楽しくなるわけ」

「そうですよね。そういうの、わたしたちの楽しみよね」と鈴子姐さん。

「べつにその人と約束してどうこうしよう、会おうなんていうんじゃないんですよ。〝じゃ、この次、またいらしてね〟って言うだけ」と小糸姐さん。

「手も握らないのよ。だから、歌の文句付けたりするわけよね」

「そうそうそう。だから小唄の文句なんかにはみんなそういう意味があるんですね」

鈴子姐さんが、いまのメールは風情がないと嘆く。

「メールか何かでさ、会おうなんてなったら、もう全然つまんないのよ。ちょっといいから、ちょっと会わない？　みたいになっちゃうと全然。もう目と目で、まあ嬉しいわって胸ときめかせて、ちょっと楽しいお座敷を過ごすっていうのがいいのよ」

小糸姐さんも、「この年になっても常にときめいてないと駄目ですよ」と言う。

「年を取ったら取ったなりにときめいてたほうがいいですね、絶対に。そうするとね、ちょいと今日は、ちょっとときめくような人いるかしら。ちょっとお作りをして、ちょっと口紅なんか持ってってってなる。面白いですよ、だから」

鈴子姐さんも同じく――

「あんまり（気持ちを）出すといやらしいけど、ただ思うだけの気持ちが大事だよね。それは男女でも一緒じゃない？」

結婚は芸者の引退。

結婚しない、あるいはできない場合、昔は子どもをつくっても隠し子として産み育てられる

円山町MAP

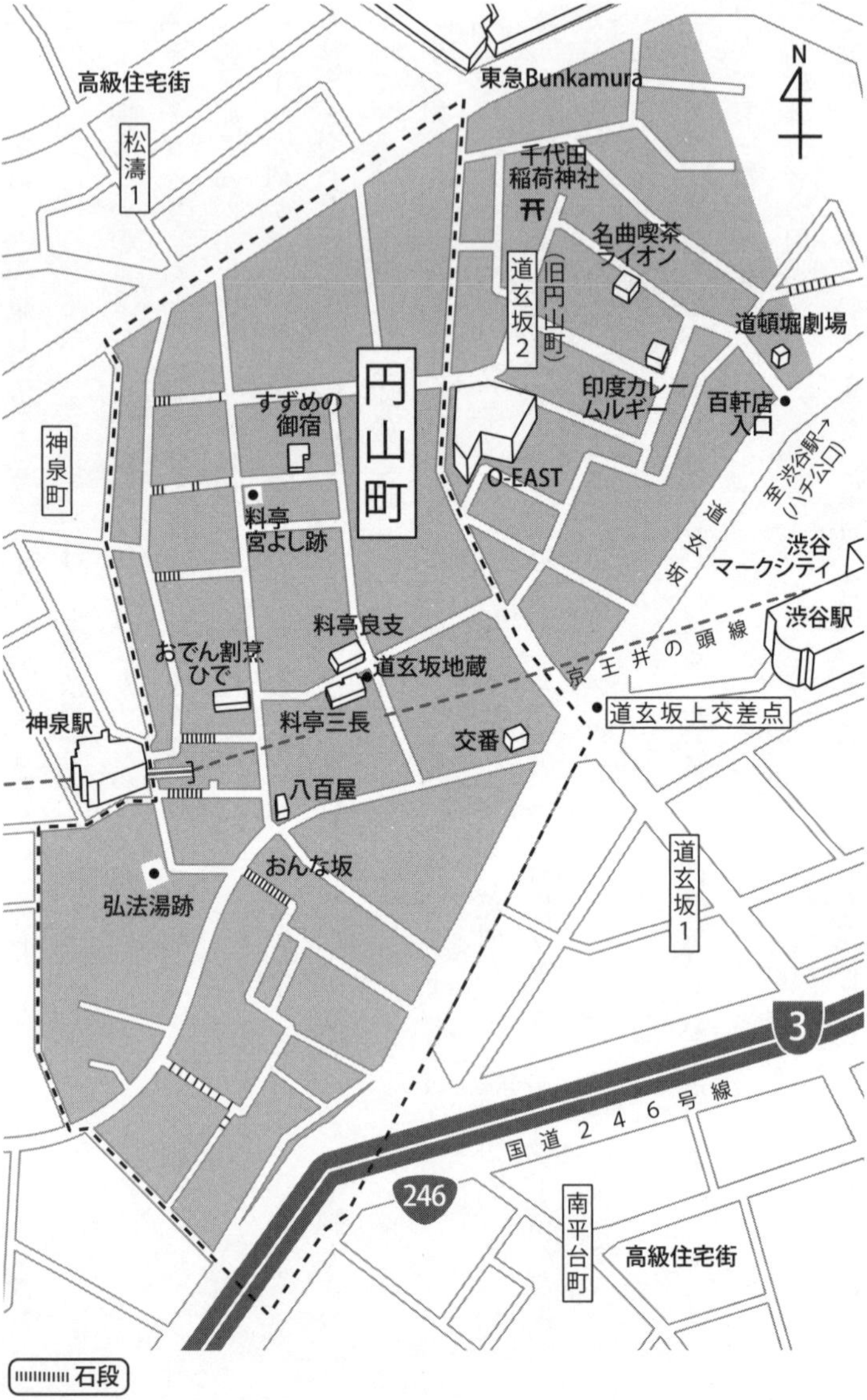
高級住宅街
東急Bunkamura
N
松濤1
千代田稲荷神社
名曲喫茶ライオン
道玄坂2
(旧円山町)
道頓堀劇場
印度カレームルギー
百軒店入口
すずめの御宿
円山町
O-EAST
至渋谷駅→(ハチ公口)
神泉町
料亭宮よし跡
道玄坂
渋谷マークシティ
渋谷駅
料亭良支
おでん割烹ひで
道玄坂地蔵
京王井の頭線
料亭三長
道玄坂上交差点
神泉駅
交番
八百屋
道玄坂1
おんな坂
弘法湯跡
3
国道246号線
246
南平台町
高級住宅街
石段

場合があった。政治家、財界人、芸能人、それぞれみな財力、精力がある男たちとの間にできた子どもだ。

生まれた子は、女児の場合は芸者として育てるケースが多く、男児の場合は里子に出した。花柳界には、客とスポンサー（愛人）以外、男は必要がない。

私の母と同年齢の小糸姐さんは、円山町のアパートで、明日は明日の風が吹くだろうと悠々一人暮らしだ。

「（わたしのように）三味線が弾ければ流しやったって、何やったってやっていけるから。鈴ちゃんにも言うんですけどね。踊りは若いうちだけよって。若いうちはチャラチャラやってりゃきれいなんだからいいけど、年取ってまだ芸者でいられるのはお三味線しかないのよって。お三味線は強いですよ」

小糸姐さんは、これからの鈴子姐さんのことをおもんぱかっている。

円山・花町・母の町

「物心ついたときから、幼稚園くらいから歌手になりたくて、幼いころって、電車の運転手さんとか、パイロットとか言いますよね。そういうのがいっさいなかったんですね。ずっと歌手になりたかった」

三善英史は一九七二年春、『雨』（作詞・千家和也／作曲・浜圭介）でレコードデビューした。

この年の第三回日本歌謡大賞・放送音楽新人賞を森昌子とともに受賞、年末の第十四回日本レコード大賞新人賞受賞という強力な新人歌手であった。

私が三善英史から話を聞こうとしたのは、デビュー曲『雨』についてではなく、渋谷円山町を語るとき、私が真っ先に思い浮かべるこの歌だった。

作詞・神坂薫　作曲・浜圭介

円山・花町・母の町

母になれても　妻にはなれず
小さな僕を　抱きしめて
明日におびえる　細い腕
円山　花町　母さんの
涙がしみた　日陰町

母の姿を　島田で隠し
病気の僕を　家におき
作り笑顔で　夜に咲く

円山　花町　母さんの
苦労がしみた　日陰町

母と言う名の　喜びさがし
静かに僕を　見る目には
縋《すが》り付くよな　夢がある
円山　花町　母さんの
願いがしみた　日陰町

『円山・花町・母の町』はデビューから数えて三曲目の歌だった。

三善英史は演歌を歌っていたこともあって、同年デビューした郷ひろみ、西城秀樹といったアイドルたちとは異なる独自の路線を歩んでいた。

それを決定づけたのがデビューから三曲目の『円山・花町・母の町』であった。

発売は一九七三年二月五日、そのころ三善英史にまつわるプライバシーが女性週刊誌で報じられた。

三善英史の母は渋谷円山町の芸者で、他に家庭をもつ父と英史は一度も会ったことがないというものだった。

どこか陰りがある三善英史のイメージと重なるものがあり、さらに『円山・花町・母の町』の「母になれても　妻にはなれず」というストレートな歌詞によって、この歌は三善英史の私小説的歌謡曲として、『雨』同様大ヒットになり、『円山・花町・母の町』で一九七三年大晦日のNHK紅白歌合戦に初出場したのだった。

円山町をテーマに書くにあたって、このベテラン歌手は欠かせない人物であった。

三善英史にとって幼いころの円山町はどう映ったのか。円山町の芸者だった母はどんな女性だったのか。歌詞にあるように、母子にとって円山町は日陰の街だったのか。

カミングアウトソングの時代

会う前に資料を集め、ネット検索をしたりしているうちに私はひとつの疑問を抱いた。

円山町について、三善英史本人が語った記事がほとんど無いのだ。

私は調べていくうちにひとつの仮説を組み立ててみた。

七〇年代前半の歌謡曲は激烈な競争を勝ち抜くためにイメージ戦略が重要視された。アイドル歌手と呼ばれた若手の人気歌手は、イメージを崩さないようにと私生活を封印された。

当時の『月刊明星』、『月刊平凡』を開くと、アイドルたちの活動がグラビアに躍り、食事というとやたらとピラフが登場する。おしゃれな食べ物がピラフだったのだろう。アイドルは（表立《おもてだ》っては）けっして味噌ラーメンを食べなかった。

デビュー当時を語る三善英史

三善英史の場合、どうだったのか。

「北原ミレイさんとか藤圭子さんとか暗い歌をうたう方って、人前で笑っちゃいけない、しゃべっちゃいけないとプロダクションから言われていたんですね。僕も暗い歌をうたうから、しゃべるな笑うなと言われてたんです。雑誌のインタビューでもあのころ自分でほとんど答えていないんですよ。はい、いいえ、くらいしか。あとは全部マネージャーがしゃべるんです。ステージでも司会者がしゃべってあとは僕が返事するだけ。十七、八年前までそうでしたね。でも暗い性格ではなかったんですが……」

「たしかにデビューのころは無口な美少年といった印象でしたが」

「酒飲んだらうるさくて大変ですよ。ハハハ」

「二〇〇八年のM‐1グランプリに出場したのも、あれは地なんですか?」

「そうですね。僕と会った方、みなさんに言われますね。イメージと違いますねって」

三善英史がデビューした一九七二年、ちあきなおみが歌った『喝采』(作詞・吉田旺/作曲・中村泰士)がレコード大賞を受賞した。

『喝采』の発売は九月十日。レコード大賞を狙うにはぎりぎりのタイミングである。

「いつものように幕が開き　恋の歌　歌うわたしに　届いた報せは　黒いふちどりがありました」という、亡くなった恋人を思いつつステージでうたうドラマティックな出だしは、ちあきなおみの半生をモチーフにしたものだとされ、歌を盛り上げた。

七〇年前後、歌謡界にはこのようなカミングアウト路線とでもいうべき流れがあった。

藤圭子『圭子の夢は夜ひらく』（作詞・石坂まさを／作曲・曽根幸明）もまた、「十五、十六、十七とわたしの人生暗かった」と、藤圭子を思わせる歌詞が織り込まれ、歌手自身の半生をうたったとされるカミングアウト路線の代表作になった。

ライバルがひしめき、毎月発売されるレコード戦争の中にあって、鮮烈な印象を残すにはカミングアウト的な歌謡曲が戦略として効果があったのだ。

もっとも歌の内容と歌手自身の人生は同じものではなく、あくまでもキャラを立たせる、個性を発揮させるという意味においてひとつの演出であった。

ドラマチックにするには、歌手自身も演出のひとつに利用する。タフな七〇年代歌謡界の売り出し方である。

私はふと、三善英史の場合もカミングアウト路線として、創作されたものではないかという疑念をもちはじめた。だから円山町や実母の話を三善英史本人が語った記事は極端に少ないのではないか、と思ったのだ。

この道三十数年という物書きは、すべてにおいて疑り深くなっているのだ。

『円山・花町・母の町』にまつわる私の推理をぶつけてみた。

「嫌だったんです。（シングルレコードとして）出さないって約束だったのにって、ディレクターに抗議したんですから。詞も曲もアレンジも嫌いじゃないんですよ。いい曲だなと思うんだけど、うたうのが嫌だった。ずっと嫌だった。どれくらいでしょうね。やっといい歌だなと思うようになったのが二十、三十年くらいたってからでしょうか。

母が六年前に亡くなってからうたうのがまた嫌になったんですけどね。〝円山〟だけは忘れられないんですね、どうしても母親が出てきてしまうんです。亡くなって三年くらいは、うたってても途中鼻水が出てきて、二コーラスめがつらいんです。最近やっと大丈夫になりましたけど。

他の曲は歌のイメージしか浮かばないけど、〝円山〟は自分のことが浮かんでくるから一番うたいずらいんです。母は自分のことか家族のことをテーマにしているからといって、嫌がらなかったです。あの曲が出てからあちこち引っ張り出されるじゃないですか。息子のためだからと受けてくれたんです」

三善英史が円山町で生まれ育ったというのは事実だった。

第一章に登場した神泉駅傍の喫茶店主で、弘法湯の末裔である佐藤豊は、幼いころ三善英史の異父姉にだっこされた憶えがあると証言した。

三善英史がこの歌と円山町や母のことについてほとんどインタビューに答えてこなかったというのも、歌詞の内容があまりにも自分に重なってくることへの抵抗感によるものだった。

たしかに父のない私生児として生まれた過去を自分がうたうというのも、よっぽど図太い精神力を求められるだろう。三善英史がそれだけまともだったということだ。

歌詞に秘められた思い

もともとこの曲は、初アルバムの中の一曲にすぎなかった。

アルバムをレコーディングするとき、『円山・花町・母の町』が自身の半生と重なることに違和感を感じながら臨んだ。

レコーディングが無事終わり、「ＯＫです」とディレクターの声が聞こえ、スタジオから出ると、ミキサー、ディレクター、アレンジャー、皆が泣いていた。

歌手の半生と歌が重なって聞こえ、スタッフたちがつい感情移入したのだろう。

三善英史は予防線を張った。シングルレコードにして出さないようにと、ディレクターと約束したのだった。

「私的な歌なんで、嫌だったんですね。生い立ちをうたうのが。初めてのアルバムの記念だから、そのなかの一曲ということでレコーディングしたんですね。そのときも抵抗がすごくありましたね」

カミングアウト路線として強烈な印象を残すアルバムの中の一曲を、ディレクターが見逃すはずはなかった。

すでにレコーディングが終わった段階で、次はこれでいこうと内心で思っていたとしても不思議ではない。なにしろプロのスタッフたちが皆、泣いていたのだから。

「もしかしたら（シングルレコードとして出そうという計画が）あったかもしれませんね。LP発売から二カ月でシングルになっちゃいましたからね。なんでああなったのかなあ。東京12チャンネル（現在のテレビ東京）で夜流したんです。工藤さんが12チャンネルのディレクターじゃないですか。〝円山〟も工藤さんの詞だからずーっと流していたんですね。それでシングルになっちゃった」

話は意外な方向に発展していった。

『円山・花町・母の町』の作詞者である神坂薫は、東京12チャンネルの工藤忠義プロデューサーの別名であった。

工藤忠義といえば、音楽番組担当プロデューサーとして『ヤンヤン歌うスタジオ』や『日本歌謡大賞』、お色気番組『ギルガメッシュないと』を生み出してきた民放の大物プロデューサーである。

神坂薫名義の工藤忠義プロデューサーが手がけた作詞は、三善英史『円山・花町・母の町』の他にも、森昌子『おかあさん』（作曲・遠藤実）、白川奈美『遠くはなれて子守歌』（作曲・野々卓也）などがある。どれもヒットして歌い継がれる名曲である。

三善英史が回想する。

「あの曲は本当は僕のことを書いたんじゃないけど、僕の生い立ちにぴったりだったんです。僕の生い立ちも加味して書いていただいたんでしょうけど、作詞家の神坂薫さんの生い立ちが僕と一緒なんですね。芸者さんの子どもで。だからだぶらせてつくったんです」

三善英史はたしかに円山町で生まれ育ったのだが、彼の出自をモチーフにした『円山・花町・母の町』はもう一人の半生を織り交ぜて描いたものだというのか。

「僕は作詞家の神坂薫先生の生い立ちを知らないから、まるまる僕の歌だと思ったんですね。私的な歌なんで、嫌だったんです」

神坂薫こと工藤忠義プロデューサーは二〇一三年、静かに地上から去っていた。

送る会では、『円山・花町・母の町』と森昌子の『おかあさん』が故人を偲ぶように延々と流されていた。

私は一冊の本を手に入れた。

『母、紅雀《べにすずめ》のおゆきさん』(工藤忠義著・ごま書房・二〇〇五年刊)。

工藤忠義の実母、工藤みやは大正三年七月二十九日、埼玉県川越市、川越城のお膝元郭町《くるわまち》に生まれた。

この町は私が出た高校がある、馴染み深い町だ。

みやは十五歳で奉公にいく。

半年間、東京の奉公先で働いていたある日、その家の主人に無理矢理犯されてしまう。

奉公先を解雇されたみやであったが、高田馬場にある喫茶店「紅雀」で「おゆき」という名前の女給として働きだす。店には早稲田大学の学生たちが集い、美しいおゆきに熱をあげる若者がたくさんいた。第一回芥川賞をとる石川達三もその一人だった。

料理人と結婚したおゆきが生んだ子が、後の工藤忠義だった。

昭和二十一年春、高田馬場駅前の一等地に二階建てビルを建て「銀サロン」という飲食店を開く。夫を癌で失いながら、おゆきは子育てと仕事に追われていく。

歌謡界に大きな影響力をもつ有力プロデューサーになった工藤忠義は、母の米寿（八十八歳）のお祝いの会でカラオケ大会をしている最中、感極まって発言する。

「僕のつくった歌は、すべてお袋がモデルです。お袋がいなければ生まれてこなかった歌を、聴いてください」

そして自ら作詞した『遠くはなれて子守歌』と『おかあさん』をうたうのだった。

自らを「マザコンの代表者と思われる私」と自称した工藤忠義。

歌のタイトルに「円山」が出てくるので、歌はあくまでも三善英史が生まれ育った円山町を舞台にしたものだが、三善英史がうたう『円山・花町・母の町』に登場する母は、三善英史の母であり工藤忠義の母でもあったのだ。

工藤忠義は本書でさらに注目すべきことを綴っている。

〈昭和十二年、私が生まれた年に、芥川賞作家の石川達三さんが、母をモデルに『ろまんの残党』という小説を書きました。それを読んだ時から、この続きは〝自分が書くぞ〟と思ってい

ました。〉

『ろまんの残党』は、昭和二十二年四月、季刊雑誌『芸術』第三号に発表された石川文学中期の佳作であり、小説家として成功する前の石川達三、中山義秀といった学生たちが酒と文学と恋愛に酔う作品である。

では石川達三の『ろまんの残党』では、工藤忠義の母はどう描かれているのだろうか。

〈「紅雀」にお雪ちゃんという娘が居た。大きな眼と静かな物言いに魅力があって、早稲田の学生たちがしきりに張り合っていたものだった。〉

生後六カ月の忠義をだっこしてレンズに微笑む着物姿の「お雪」こと工藤みやは、目鼻立ちのはっきりした美人である。

二人の母が重なりあい『円山・花町・母の町』はこの世に生まれたのだった。

父の消息

三善英史にとって、円山町はどんな街だったのだろう。

「生まれたのは渋谷の円山町で、小学校、中学校は伊豆の伊東です。家庭の事情と、僕、気管支が悪くなって空気のきれいなところがいいだろうということで引っ越しました。高校になってまた東京に戻って、歌手デビューしてすぐ渋谷の南平台で暮らし始めたんです。事務所も神泉の交差点にありました。南平台の家から信号越えてすぐのところです。僕が小さいころは玉《たま》電《でん》(路面電車・玉川電気鉄道)が道玄坂に走っていた。(国道)246《にいよんろく》がまだ土手でしたから。道路じゃなかったんですね。あと憶えているのは道玄坂交番のおまわりさんがよくしてくれたこととか。

粋で優雅な町でしたね。通りも石畳でしたから。見越しの松があって、黒い板塀で三味線、鼓の音が流れてくる。昭和二十年代ですからまだ終戦後の名残があって、掘っ立て小屋があったり広場があったりしました。ラブホテルは一軒もなかったです、僕が幼いころは。

僕が母と暮らしていた家は、道玄坂を上がって、登り切るちょっと手前を右に曲がって細い路地を入って、階段を降りて左手に栗田貫一さんの八百屋さんがある、そのちょっと先のところなんですね。道玄坂から入って五、六十メートルのところにあったんです。若柳流のお師匠さんの家があって、その隣が僕の家だったんですね。手前が美容院。そうですね、円山町のど真ん中。家の前に料亭がありましたからね。そこに四歳までいたんですね。そこを離れてもちょくちょく円山町に行ってました。おいしいカツサンド屋やおでん屋さんがあったから、母とよく出かけてました」

『円山・花町・母の町』の発表会は、舞台になった円山町の料亭で催された。

道玄坂上にあった「渋谷三業通り」入口（昭和45年）　提供：佐藤豊

大広間に業界関係者、メディア関係者を呼び食事をふるまい、三善英史の母が三味線を弾いた。

「新曲が発売されて母はすごく喜んでくれていました。あの曲が出てからあちこち引っ張り出されるじゃないですか。息子のためだからと受けてくれたみたいです」

発表会をおこなった料亭の名前を尋ねると、四十一年前のことなのでなかなか名前が出てこない。今年還暦をむかえるベテラン歌手は、実姉に電話をかけた。

「新曲発表会やった料亭はなんて名前だっけ？　〝寿〟が付かなかったっけ？　違った？　なんとか庵……、あ、そうだ、夢想庵！」

三善英史の祖父は、江戸川区平井の人だった。

祖父は小さいころから芸事が好きで、三人の娘たちには歌、踊り、三味線、笛太鼓と、芸事のすべてを習わせた。長女は芸者になり、次女は結婚、三女・英史の母は三味線が好きで、渋谷円山町に置屋を開いていた姉のところで芸者になった。

英史を育てあげた母は差別や区別が嫌いで、配膳のときでも、大人や子ども、男や女だからと区別せず平等に分け、近所の在日外国人への偏見もなく、分け隔てなく付き合った。

英史によれば八千草薫に似たきれいな女性だったという。

「父のことは僕、知らないんですよ。姉とも父が違うんです。写真も見たことがないんです。いつか母に聞こうと思ってたんですけど、言いにくいんじゃないかと、聞けずに終わってしまった。ええ、まったく父親のことはわからないんですね。僕はお父さん似だと親戚のおばさんから聞いただけです。僕は完璧に母親似だと思ってたんですけど。

父は一度僕のことを見に来たことがあったんです。小さいころ、箱根に家族で旅行に行ったとき、母が父に連絡して、遠くで僕のことを見ていたらしいんです。あとになってその話を聞きました。知り合いの人によると、僕の父は湯河原で旅館をしていた方だと聞きました。旅館の若旦那で、旅館が経営不振でつぶれちゃって、母を受け入れてもやっていけない状況だから（結婚できなかった）という事情だったらしいんですよ。

芸者さんだから二号、お妾《めかけ》さんという形もありますけど、父親とは正式に結婚するつもりだったと、親戚のおばさんから聞きました。僕を産んだくらいですからね。おそらく父が円山町に遊びに来たときに母と知り合ったんじゃないかな。旅館の若旦那だから、そのころは羽振りがよかったんじゃないですか」

英史が生まれたのは昭和二十九年。

戦後の混乱期から抜け出し、旅館業も賑わいをみせたころで、円山町も政治家、財界人をはじめ粋な遊びを求める男たちが蝟集《いしゅう》し、芸者衆も町を行き交っていた。ラブホテル街の今とは景色が異なる円山町が浮かんでくる。

「父の消息はわからないです。歳からいって、母がいま生きていたら九十三、四、それより上だから、たぶんもう……。写真くらいは見たかったですね。それから別のお父さんができたんですが、月に二回だけ家に帰ってくるという複雑な家庭でした。嫌なことがいっぱいあったから、学校ではいじめにも遭いましたけど、前の日のこと、嫌なことは忘れちゃうんです」

家は芸者たちで賑わう置屋だった。

男というとおじいちゃんだけで、英史は小学校に上がるまで男性はおじいちゃんとしか話したことがなかった。

男言葉をほとんど聞かずに育ったから、言葉遣いも女っぽくなった。

NHK紅白歌合戦にて

「よく新人歌手は発売日にレコード店に見に行ったとか言うけど、僕一度も見に行ったことないんです。デビューした日から忙しくなっちゃったから。テレビ出演、雑誌の取材が終わると有線放送まわりを毎日夜まで続けて、寝るのは二、三時間あればいいほうでした。休みは二年間一日もなかったです。寝るのは移動の電車、車、どこ行ってうたうのかもわからない」

一九七三年大晦日、『円山・花町・母の町』で三善英史はNHK紅白歌合戦に初出場を果たす。

白組十番目の出場、対する紅組は『わたしの彼は左きき』で初出場の麻丘めぐみだった。

司会は白組・宮田輝、紅組・水前寺清子。

視聴率七五・八パーセント、日本人のほとんどが茶の間で画面に見入っていた。

「すごい緊張したんですね。宮田輝さんが司会を務める最後の年で、リハーサルのとき舞台裏で〝がんばれ〟と握手していただきました。うれしかったですよ。水前寺清子さんが紅組司会で、僕がオープニングで白い紋付きグリーンの袴で出たら、〝ああ、立派立派〟と褒めていただいたのが印象に残っています」

いよいよ本番。

小野満とスイングビーバーズ、東京放送管弦楽団の演奏が始まった。

このとき、緊張のあまり、三善英史は不思議な体感にみまわれた。

「イントロが鳴ってセンターに歩いているとき、ステージを踏んでいる感覚がまったくないんですよ。舞台が無いと思った。ああ、こういうのを雲の上を歩いているというんだ。歌っているとき何があったのかすら憶えていないんです」

ステージには渋谷の喫茶店でアルバイトをしていたときの先輩が応援に駆けつけてくれた。聞かされていないハプニングだったが、うれしかった。

「とにかく何もわからないままデビューして、ヒットすることがありがたいと感じたこともなく、新人賞を取っても別にそれがどうこうと思わない。その前に苦労が何もないじゃないですか。デビューする前にレッスンに行くお金もなくて渋谷から青山のスタジオまで歩いていったということはあったけど、夢があったから。

デビューしてわがままも言ったし、不義理もしたし、いま考えるとみなさんに申し訳ないことをしたなと思います。全部プロダクションを通してだから、どなたにお世話になっているかもわからない。人にお世話になっているなんて気持ちもぜんぜんなかったし。恵まれてデビューしちゃったんですね。それからヒットがなくて病気して入院して一、二年仕事ができなくなったとき、やっとみなさんがいて仕事ができるんだなとわかったんです」

母は認知症になり症状が進んでからも、唯一、『円山・花町・母の町』のワンコーラスは憶えていた。

「円山町にラブホテルができたときは悲しかったですよ。こういう町になっちゃったんだって」

私は最後に、「三善さんにとって円山町とは?」と尋ねてみた。

「ふるさとですよね」

母が亡くなったとき、家の前まで霊柩車で行ってもらい、しばらく停まってもらった。

認知症になってからも母は、円山町の家のことだけは憶えていた。

住処《すみか》にはいまマンションが建ち、街もすっかり変わってしまった。

私が、母と子が暮らした跡地を訪ね歩いたとき、曇り空からぽつりと雨が落ちてきた。

第三章　丘の上のホテル街

美人ラブホテル評論家

――渋谷駅から道玄坂を上がって右へ、辿り着くのはホテル街・渋谷区円山町。
この街では、いつも新たなドラマが生まれている。

（映画『渋谷区円山町』オープニングより）

『渋谷区円山町』は二〇〇六年制作、二〇〇七年に公開された映画である。主演の女子高校生役に榮倉奈々、高校教師役に眞木大輔。女子高生たちのラブホテルへの好奇心が恋と友情によって描かれて、青春ラブストーリーの佳作に仕上がっている。

この映画には、二〇〇六年当時の渋谷駅前と円山町が映り込む。ラブホテル街は、隠微な空気よりもむしろアミューズメントパークのような色彩に彩られている。

円山町界隈のラブホテルは現在、約七十軒。

接待の仕方が変わり料亭を利用しなくなった一九八〇年代後半、料亭に代わり円山町の代名詞になったのがラブホテルである。昔から円山町にラブホテルは点在していたが、今日のように小高い丘全体に密生するようになったのはバブル期以後のことだ。

渋谷駅から徒歩十分ほど、坂の上にあるここ円山町は、地の利としてそれほどいいわけではないが、この地に惹かれたかのように毎日、無数の男女が吸い込まれていく。

私たちが夜、円山町を取材していると、ラブホテルに向かう男女と途切れることなくすれ違う。どの男女も皆同じように固く手を握り、ホテル街に消えていく。

男は今夜の相手を捕獲したかのように手を握り、女は男の積極性に負けてついていった、という言い訳をするかのように。

漫画家・エッセイストの日向琴子は、自ら水着モデルにもなる美貌の三十八歳である。

彼女の肩書きはもうひとつ、日本でただ一人のラブホテル評論家という職業だ。

三千軒以上のラブホテルに入り、「ハッピーホテル」というサイトではラブホテル宿泊レポートの連載をもち、『an・an』でもラブホテルについて執筆し、OL向けの月刊漫画誌『オフィスユー』(集英社発行)ではエッセイ漫画「日向琴子でございます!」を連載中だ。

最近ではよくテレビに出るようになり、ラブホテルの博学ぶりを知らしめている。

四年前にインタビューで知り合い、本書のために久方ぶりの再会となった。

四年の歳月は、日向琴子にさらなる美貌を付加させていた。

「四年前、琴子さんに聞いたら、ラブホテルの主流は『バリアンリゾート』のようなアジア風か、ドンペリが出てくるようなゴージャス系と二つに分かれると解説してくれましたが、最近の主流はどうなんですか?」

日向琴子は明日のお天気予報を解説するかのように答えだした。

「和室が密かにブームになってますね。あとは原点回帰で、八〇年代に流行《はや》った遊園地みたいなアミューズメント空間のホテルに人気があります。二〇二〇年の東京オリンピックで来日する外国人の方たちの目を気にして、ラブホテルを無くそうとする動きがある一方で、ラブホテルこそ日本独自のおもてなしの世界、クールジャパンそのものだから、残しておこうという間で張り合っています。

ラブホテルは日本だけにあるもので、最近では日本を真似て台湾、韓国にもできてますけど。外国の方が日本に来てぜひやってみたいことの一位が富士山に登ること、二位が温泉に浸かること、そして第三位がラブホテルに入ることなんです」

伊達眼鏡のラブホテル研究家によれば、最近は男性の草食化、不景気、住宅環境がよくなったこと等により、ラブホテルを使う若い男女が減って、その代わりに六十代以上のシルバー世代が使うようになったという。

不況対策のひとつとして、ホテル側も様々なアイデアを打ち出している。

パーティールームは複数で入室できる部屋として人気があり、よく乱交・スワッピングで使われる。夜十一時を過ぎると宿泊料金になるところを、二十四時間休憩料金でOKというシステムが流行っている。

ラブホテル評論家によれば、ラブホテルの黄金バランスというのがあって、純粋なカップル・不倫・風俗（デリヘル）、この三つがバランスよく客として入室するホテルが経営上、優良だとのこと。

日向琴子がラブホテル評論をするようになって、ラブホテルのイメージもずいぶん変わった。

それまでのただやるだけのホテルというイメージから、とれたてのしらす丼を朝食に出したり、石窯《いしがま》で焼きたてのピザを出したり、下手なレストランよりも旨いラブホ飯を出すホテルを紹介したり、ラブホテルで女子会を開くことを提案して、それまでの後ろめたいイメージをポップに変えた。

「この後、歩きませんか？」

円山町のラブホテル街を歩きながら解説したほうがもっと詳しく具体的な話がしやすいからと、ラブホテル評論家に誘われ、私たちは寒風の街に繰り出した。

道玄坂を上り、百軒店《ひゃっけんだな》を右に折れる。

この一画は看板もネオンも出していない正体不明の建物が密生している。以前は脱法ハーブの店があちこちにあったが、事件が多発したため店はほとんど営業していない。控えめな看板を出しているのは地下カジノだろう。

強面の男たちが数人、道を行き交う。シャツをはだけて黒光りする胸を見せている。

「最近のラブホテルはＬＥＤ照明になったので、印象が違いますよね」

言われてみると、いままでのどぎついネオンサインが消えて、上品な明かりになっている。

LEDの中でももっともきれいな色とされる青色が主流になったせいか、青い照明のホテルが増えた気がする。

「ここ！　前はラブホだったんですけど、いまは四階建ての建物全部使ってハプニングバーになったんですよ」

「眠れる森の美女」という店の前に立って、日向琴子が解説する。

「会員制で、わたしも入ったことあります。女の子たちと行くんですよ。ポールダンス習っていたの、ここはポールがあるから練習するのにいいんですよ。入ってもハプったことないです。渋谷のハプバーは、若い子や可愛い子、イケメンが多いんですよ」

〝ハプる〟とは、ハプニングバーで知り合った男女がその場でプレイすることを指す。私と日向琴子もここでハプることなく、街を流す。

私は昨日、ある女性編集者からの体験談で、円山町の古い民家のような建物に入り、引き戸を開けるとすぐおばあさんが出てきて、料金を支払うと、二階の窮屈な風呂付きの部屋に案内されたという話を思い出した。

「ああ！　わたしもそこ泊まったことあります。押し入れがあって、正方形のお風呂で。たしかそこがいまの『ホテルＡＳＩＡ』ですよ」

まさしくラブホの生き字引である。

「円山町のラブホテル全店制覇した方に比べたらわたしなんか。あっ、ここが円山町でいちば

円山町のラブホテル街を歩くカップル

ん安い『カサディドゥエ』と『カサンドラ』。派手でしょう。チャペルグループのホテルで、たいてい入口にサンタクロース人形があるんです」

日向琴子によれば、最近のラブホテルは、カップルズホテル、レジャーホテル、複合型ホテルなどと呼ばれているのだという。

若い世代は女子会を開いたり、カラオケをしたりと、多目的に使うことが増え、年配者もお茶や弁当を持参してカラオケに興じる。

「あ、ここ『幸和《こうわ》』ですよ。黒塗りの高級車が止まってるときがありますからね。政治家、財界人が使ってるんでしょうね」

「幸和」は檜《ひのき》風呂がある和室中心のラブホテルで、部屋が広いこともあって、中高年カップル、お偉いさん、雑誌グラビア撮影でもよく使われる。

「幸和」の向かい側にあるビルには、日本映画監督協会が入っている。

昭和十一年（一九三六）の創立以来、映画・映像分野、監督の地位向上のための中心機関になってきた。歴代理事長には、あの小津安二郎をはじめ、大島渚、深作欣二、山田洋次とそうそうたる監督がそろい、現在の理事長は崔《さい》洋一監督が務めている。

私の知るある中堅監督は、「日本映画監督協会に立ち寄るよりも向かいの『幸和』に行った回数のほうが多いよ」と笑っていた。

女優と不倫関係にあった監督が、このホテル街を利用したシーンをふと想像してしまう。

日本映画監督協会がどうしてここ円山町のラブホテル街にあるのか、問い合わせた。

「初めは東急本店前のビルにあったが、二十五年くらい前に神泉駅そばのビルに移転して、十年ほど前にいまの円山町に移転しました」

と電話口の職員は答えた。円山町に引っ越した理由は、

「渋谷駅に近くて交通の便がいい、渋谷周辺に映画関係者が多く住んでいる、家賃が多少安い、といったことがありますが、たいした理由はありません」

とのことだった。

日向琴子に導かれ、百軒店から東急文化村方面へと歩く。

「バブル期にいちばん人気があったラブホテルが、『P&A』でした。プール付きの部屋があって、撮影用で芸能人がプールを使うときはたいていこのホテルでした。いまは他の企業が買収して『SKプラザ』というホテルに変わりましたけど、まだプールがあるんですよ。パーティールームもあるから複数プレイもできるし。ちょっと入ってみましょうか」

広いスペースのエントランスホールに入ってみた。

左奥に部屋の紹介パネルがあり、右奥には四百点のコスチュームをそろえるショップがある。すべてのコスチュームが写真になって飾られていて、一着千円からレンタルできる。

貸出中のコスチュームは、セーラー服がいちばん多い。普段できない願望を部屋でこっそり叶えようというのだろう。

「ＡＫＢの制服も人気があるんですよ」

男用ブラジャー（メンズブラ）もコスチュームの中にある。最近着用したがる男が多いとのことだ。

円山町のラブホテル街を二人で歩き観察している私たちは、不倫カップルか、デリヘル嬢と客のように見えたかもしれない。

お礼にと、道玄坂の「俺流ラーメン」で塩あさりバターラーメンをラブホテル評論家におごった。

女性というのは観察力が鋭いのだろうか。男なら見過ごしてしまいがちな街の風景も、日向琴子は詳細に記憶している。

総じてラブホテルに関心を示すのは女のほうだろう。

男はただ連れ込む場所としか見ていないが、女はもっと余裕をもってインテリアや空間スペースを観察している。

円山町のラブホテルを制覇した男

第一章に登場した、渋谷で幅広く飲食店を運営する会社社長のＡは、円山町のラブホテルを全店制覇したと豪語する。

高校を卒業すると、昼間は自動車整備学校、夜はお立ち台のボディコンで一躍時代の象徴ともなった芝浦のディスコ「ジュリアナ東京」で、ポーター、いわゆる黒服をしていた。

「あのころよく行ったのは道玄坂の『P&A』ってラブホテルですね。『P&A』には部屋の中にプールがあったりして、〝部屋のプールでエッチしたんだぜ〟って、自慢げに先輩が言うわけ。プールの水がそんなに入れ替えられるわけじゃないんだから、ほんとうに大丈夫なのかって、自分も何度か泳ぎながら思いましたけど。まあ楽しかったですね。

でも料金が高かったんです。いまだいぶ安くなりましたけど、一泊三万から三万五千円しましたから。まだ二十三（歳）ぐらいですから、部屋を選ぶとき手が震えながらボタン押してました。アハハハ。安い部屋のほうからどんどん埋まっちゃって、僕はのんびり飲んでから行くもんだからほとんど部屋ないんですよ。あの当時は、時間が遅くなると部屋なんかほとんどないんですよね」

ここでA社長の半生を紹介しておこう。

父は東大卒で、日本有数の巨大組織の幹部となって主要都市を転勤した。渋谷で生まれ育ったA少年は、その後、父の転勤とともに転校していく。

親父は頭がいいのに、なんで自分はこんなに頭がわるいんだろう。こうなったら大好きな車を一生の仕事にして自動車修理工として生きていこう。

高校生のときは野球部だったが、卒業すると勉学も野球の道も選ばず、自動車整備学校に進学。ジュリアナ東京の黒服になったのもそのころだった。

一九九一年に営業が始まったジュリアナ東京は、黒服が入口で客のファッションをチェックして、ふさわしくない場合は入店を断った。

その高飛車な接客ポリシーがかえってうけ、選ばれし客になろうと客が押し寄せた。

客はメルセデス、ポルシェ、BMW、ベントレー、フェラーリと様々な高級車でやってくる。

黒服は客からキーを預かり、車を駐車場スペースに移動させる。超高級車ゆえに傷でもつけたらやっかいなことになる。強面の客もいる。

車好きが興じて自動車整備学校に通うAにとって、客が乗るどんな外車でも取り扱いは完璧だった。

VIPルームにはJリーグができたばかりで読売ヴェルディの選手がよく来て女を口説いていたり、渋谷円山町の人気ラブホテルを経営する一族もよくVIPルームに来ていた。医師、青年実業家、芸能人も足繁く通い、彼らの多くはナンパの後、六本木のホテルを利用していた。

Aもまた仕事が終わると、ボディコン女と渋谷円山町のラブホテルまで直行した。

ジュリアナの黒服というだけで、女たちが寄ってくる。

「あのころはいまより痩せてたし。これ、見ますか」

A社長がiPhoneの保存画像を披露すると、当時雑誌グラビアで紹介されたA社長の黒服時代の写真があった。髪の裾《すそ》をきちっと刈って肩パットの入った流行りのファッション、あのころディスコでよく見かけた遊び人スタイルだ。

「ボディコン女たちをディスコから連れ出して好き勝手にやっていた男って、Aさんだったんですね」

「そうです、そうです、そうです。アハハハ。だから、会ってその日にっていうのが多かった。もう、数、数えてないんですよ。余裕で三桁は行ってますよね。ディスコってそういう場所でしたから」

黒服のアルバイトの時給は千二百五十円で、月収三十万円。車を預かるときにもらうチップだけで月四十万円、合わせて毎月七十万円の収入となった。

「だから高いラブホテル行けたんです。それでお金も貯まるし」

「でもAさん、三桁の女とその日会ってお持ち帰りするって、女性不信になりませんでした？女ってのはなんて軽いんだろうって」

「でも、ジュリアナってみんな、ケツ出して踊ってますから」

「たしかに」

「やりたいだけの子たちだなっていう感覚ですね。女だってそんな子、意外と多いですからね。だってお金もらうんじゃなくて、お金払ってあんな裸の格好するんですよ。おかしいじゃないですか、いま考えたら」

ストレスをためているOLがいちばん落としやすかった。むしろOLのほうからAを誘ってラブホテルに連れ込むような勢いだった。

ちなみに、ジュリアナ東京のお立ち台で踊り狂うボディコンの映像がバブル期の象徴としてしばしばテレビで流されるが、これは間違いである。

ジュリアナ東京ができたのはバブル崩壊後の一九九一年五月、お立ち台ブームが起きたのがさらにその後だから、ジュリアナのお立ち台映像はバブルが崩壊して不況風が吹き荒れた時代の象徴として流されないとおかしい。

例えて言うなら、終戦を象徴する並木路子の『リンゴの歌』が、太平洋戦争中に歌われたのと同じくらいの大間違いである。

A社長の豪快列伝

A社長が初めて円山町のラブホテルに入ったのは、一九八八年だった。

子どものころは迷路のように入り組んでカツアゲに遭ったりした怖い街だったが、バブル期以降のA社長はもっぱらプレイ用として世話になるのだった。

黒服から複数の会社を経営する成り上がりになったのは、黒服時代からの人脈が物を言った。

高級外車を預かり駐車スペースに止める仕事を任されるようになると、ポルシェやメルセデスを手放して今度は違う外車を買おうとする客がいたり、逆にポルシェやメルセデスを買いたがる客がいたりする。売り手と買い手の情報を耳にしたAは、個人的に高級外車の売買を仲介することで財を成し、三十歳にして外車ディーラーとして独立を果たす。

三十歳そこそこで、年間売り上げが二十五億円に達したときもあった。遊びのほうも円山町のラブホテルはすべて行き尽くした。

「円山町のラブホは入りやすいです。入りにくいところは恵比寿。あそこって駅前に三軒しかないから。ラブホテルで入りにくい所って、正直言って店側が強気なんですよ。女の子すごく酔っぱらって連れてったときに、ダメとか言われた経験があるんですよ。渋谷なんか何でもオッケーなのに、あんまり酔っぱらって事件とか事故とかになったら、ホテルはそれこそ致命傷だから嫌がるんでしょうけど。

渋谷のラブホテルでも、殺されたり自殺したりって、あるじゃないですか。そういうところってやっぱり安いんです。もうネットで書かれちゃってるから、安くしないと客が来ないんじゃないかということで。僕は、殺しがあったホテルでも使いやすいから使ってますけどね」

ラブホテルにおける事件・事故は珍しいものではない。

一九八一年、新宿歌舞伎町のラブホテルで殺人事件が立て続けに三件発生し、三人の女性が殺害された。

いずれも首にストッキングを巻き付けられての絞殺だった。

まだテレクラや出会い系サイトが無い時代、歌舞伎町で知り合った一夜限りの男女がラブホテルに入り、女が殺されるパターンだった。

被害者は家出中の未成年、身元不明の二十代女性、四十代離婚歴のある元主婦。皆いわゆる援助交際だった。

元主婦は夫と離婚した後、都内のキャバレーに勤め、足りない分を直接男とやりとりして金を得ていた。別れた夫は病死、引き取っていた子どもも病死、誰も身寄りがないままの死だった。

この三件は迷宮入りとなっている。目撃者証言によると、犯人は三件とも別人だった。

ここ最近では、ラブホテルで練炭自殺や硫化水素自殺が多発している。

数年前、歌舞伎町で発生した硫化水素による男女の心中事件を取材したことがあった。

心中しようとした男女は、年の差があり、不倫だった。死出の旅立ちはラブホテルの最高級の部屋を使っていた。

事件後、編集担当の女性と私は客を装い入室した。

天窓《てんまど》から昼の陽光が差し込み、バスタブを照らす。硫化水素をここで発生させて心中したのだった。

いったい天窓を見上げて何を思い逝ったのだろう。

ラブホテルは劣情《れつじょう》だけでなく、絶望も背負い込んでいる。

A社長は、事業が絶好調のときリーマンショックに襲われ、会社が大きく傾いた。

「在庫が三百七十台あったんですよ。だけどその三百七十台の価値がもう日に日に落ちるわけですよ。そうすると売れなくなるわけ。オークションで叩き売るしかなくなるんですよ。持ってても値段がなくなっちゃうと困るから損切りです。いままで築き上げてきた億単位のお金がみるみる減りました」

車以外の仕事に活路を見いだそうとして、渋谷で飲食業を始めた。

経営が軌道に乗り、復活を遂げた。

「会社がまた軌道に乗って余裕が出てからは、またクラブ遊びとかし始めて、渋谷のラブホテルはけっこう使いました。まだ行ってないホテルがあったら、入ってみるんですよ。でもバブルのころは平日でも満室でなかなか入れなかったけど、このごろは空いてます。やっぱり不景気なのと男が草食化したのが大きいんじゃないですか」

A社長はこんな体験もしている。

「ラブホテル街で知り合いとばったり、なんていくらでもあります。〝この間、円山町で女と歩いてましたね〟ってよく後輩とか先輩に言われます。円山町のラブホテルは朝十時、十一時、十二時チェックアウトなんです。そうすると、出た後にばったりとかあるんですよ。いや

円山町ラブホテルMAP

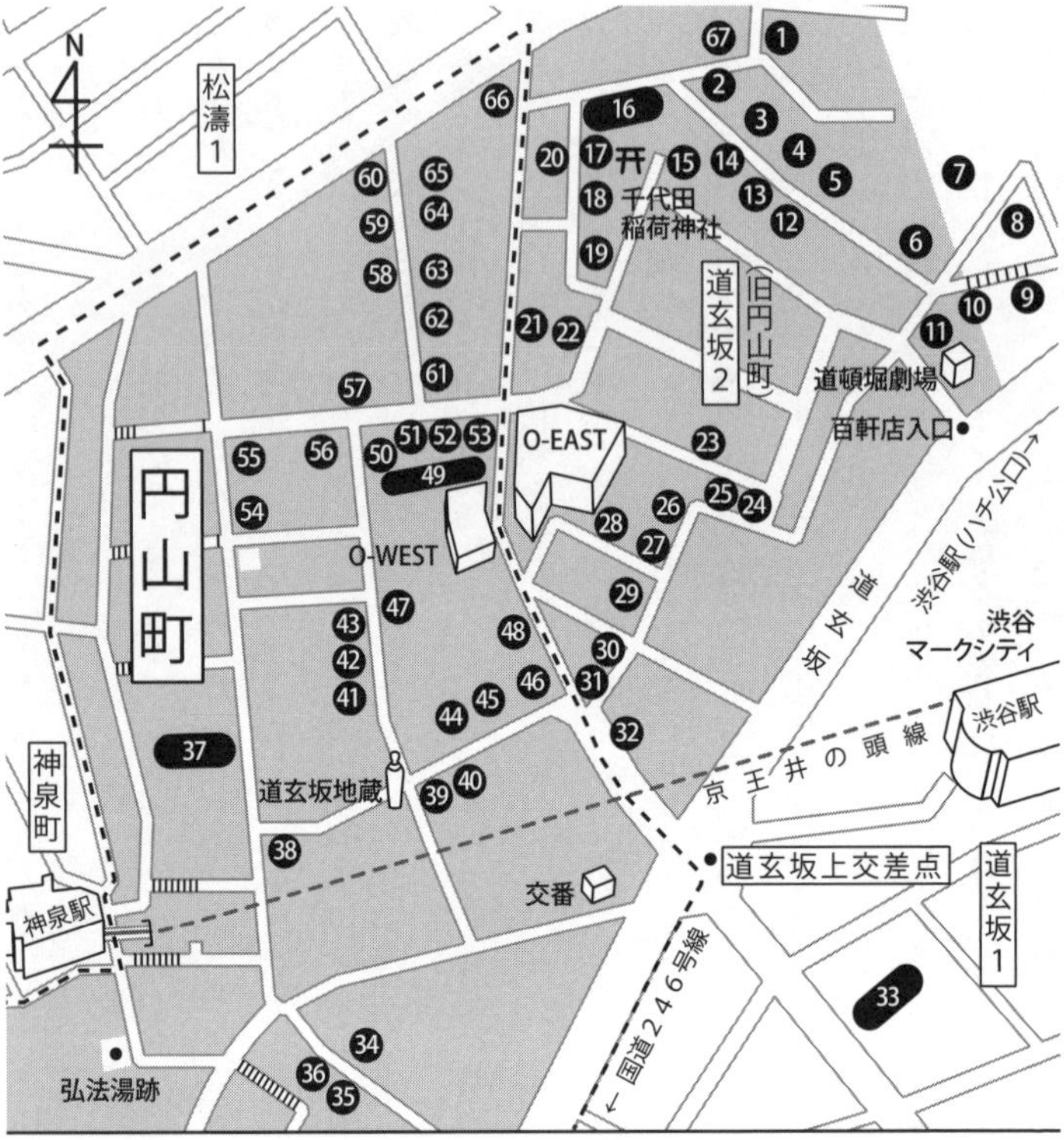

1 アバンテ
2 ＳＫプラザ
3 エルホテル
4 カサンドラ
5 フィフティーンラブ
6 R-25
7 パリス
8 ヴィラジュリア
9 エルメ
10 ダイヤモンド
11 ＺＥＲＯ
12 レリーザ
13 プリンス・ドゥ・ギャルズ
14 ホワイトシティ23
15 ＭＯＴＩ
16 アランド
17 ベルサイユ
18 ｉｆ
19 ＡＳＩＡ
20 ウィル
21 Ｌａ'ｉ
22 イースタン
23 エレガンス
24 オキニス
25 ＴＯＰ
26 プチホワイトＢＯＸ
27 ロダン
28 カサディドゥエ
29 ララ
30 スタークレセント
31 サンワールド
32 幸和
33 ＳＫプラザ２
34 ネオコスモ
35 カサノバ
36 ＴＥＮ-ＵＮ
37 ＴＷＯ-ＷＡＹ
38 ペリカン
39 シェ・ヌー
40 リリオ
41 ＣＯＲＥ
42 ＺＥＲＯⅡ
43 ホワイトＢＯＸ
44 ルアラ
45 パッション
46 ル・ペイ・ブラン
47 ＢＥＳＴ１
48 ビートウェーブ
49 ＳＵＬＡＴＡ
50 いちごクラブ
51 サンレオン２
52 渋谷の街の物語
53 サンレオン１
54 ＤＩＸＹ-ｉｎｎ
55 キャンドラ
56 ルテシア
57 ファヴール
58 ホテル03
59 Ｌｉｏｓ
60 マイレ
61 フェスタ
62 グリーンヒル
63 プリンセス
64 ルミエール
65 ベネチアン
66 渋谷シティホテル
(※休憩有ビジネスホテル)
67 クレア

あ、世の中狭いです。渋谷で仕事してるから」

四十四歳、いまも独身。

「合コン終わって二組でホテルに行って、一回やって女の子を入れ替えてもう一回エッチするみたいなことはけっこうやりました。もうそれは女体三昧。だから結婚する気にならない。やりたいこともう全部やったのでいつ死んでもいいですよ」


ここ最近の円山町の変化は、クラブの登場である。

エイジア、アトム、ハーレム、O-EAST、O-WEST、T2、キャメロット、ビジョン、WOMB……ラブホテル街に大型クラブが相次ぎ誕生したのは、居住している人間が少ないので深夜に音量が大きくても許容されると見込んだからだろうか。

クラブに向かう若い客がラブホテル街に押し寄せ、円山町界隈は様変わりした。

不倫中の中年男女がお忍びでラブホテルに入るそのすぐ脇で、二十歳代の男女が階段に腰を下ろしおしゃべりに熱中している。

ラブホテル側としては客が入りづらくなることを杞憂《きゆう》するが、クラブの若い男女が新しい客になってラブホテルを利用することもあるだろう。

渋谷ホテル旅館組合にて

円山町のマンションの一室に「渋谷ホテル旅館組合」の事務所がある。

一寸木《ちょっき》正夫渋谷環境衛生協会・会長（旅館組合・前組合長）は昭和二十五年生まれの六十四歳、波木井《はきい》孝幸組合長は昭和三十七年生まれの五十二歳。

一寸木と波木井、めずらしい名字だ。

スーツ姿の二人は、校長先生と教頭先生といった貫禄がある。

一寸木会長は先々代から円山町でホテルを営み、現在は「ホテル ホワイトシティ23」を経営している。波木井組合長は幡ヶ谷の甲州街道沿いで「ビジネスホテル ノーブル」を経営している。先代が理髪店をやっていて、その店名がいまのホテル名だ。

終戦後、渋谷の旅館は駅前に集中し、駅から少し離れている円山町に旅館はあまりなく、駅前の旅館も大規模なものはなく、個人経営がほとんどだった。

「戦前から旅館をやっていた方が終戦後、焼け残って再開したり、生活の糧を求めて自分の民家を宿屋にして旅館を始めたり、下駄屋が二階に二間あるからじゃあそこを旅館にしちゃおうかっていう感じから始まったんですね。旅館とかホテルっていう体裁ではなくて普通の一軒家みたいな宿でした。戦後間もなくのころは六、七十店もあったって聞いてます」（一寸木会長）

戦争が終わり何の憂いもなく出産できる時代になって、出生数が爆発的に増えた昭和二十二年から二十四年生まれは、ベビーブーム世代、団塊の世代と呼ばれた。

住宅事情が悪かったために、男女は夜になると代々木公園や皇居前広場で抱き合った。風紀を乱さないために「旅館をどんどん作ってくれ」と警察が旅館経営者に言ってくるほどだった。

「私が子どものころだった昭和三十五、六年は、土曜日なんていいますと常に満室で、それでも戸を叩いて〝どこでもいいから泊めてくれ〟ってお客がやってきた。従業員はその当時みんな住み込みだったから、従業員の部屋をお客に明け渡したものです。それでもやってくるお客がいるんで、真っ先にお客に明け渡すのは子ども部屋ですよ。うちの両親の部屋も明け渡しました。みんなで廊下で寝たことあるくらいでしたから。その話をこないだ組合で話したら、二代目、三代目も、〝私もそうだった！〟って」（一寸木会長）

昔はラブホテル代わりに利用される旅館は「連れ込み旅館」と呼ばれ、温泉マークが付いていた。

逆さにひっくり返すとクラゲに似ているから、連れ込み旅館のことを「逆さクラゲ」と呼んだ。一寸木会長が生まれ育った旅館にも逆さクラゲのマークが付いていた。

旅館とホテルの違いは、昭和二十三年施行の旅館業法により、次のように区分されている。

旅館は一部屋七平方メートル以上、部屋数が五部屋以上。

ホテルは一部屋九平方メートル以上、部屋数が十部屋以上。

要するに小規模が旅館、大規模がホテルということになる。旅館業法によれば、旅館営業、ホテル営業以外にカプセルホテルや民宿といった簡易宿泊営業と、学生が生活する賄《まかな》い付きの下宿営業がある。

ラブホテルは不況に強い、と言われてきたが現実はどうなのだろうか。

「ラブホテルは景気・不景気関係ないって昔は言われていたものですが、いまは当てはまらないです。景気の影響はもろに受けます。何かあると真っ先に悪くなって、良くなるときはいちばん最後にくる。やっぱり給料が上がらないのに消費税が上がったり、携帯やスマホの料金がどんどんかさんだりしてくると、ホテルを利用する部分は削られていきますから。

ホテルよりもカラオケボックスのほうが安いから、カラオケボックスの中で済ましちゃうということもあるんですよ。バブルのときと料金を比べてみると、どのホテルも千円ぐらいは料金が落ちてますよ」（二寸木会長）

「バブルのころはラブ（ホテル）であろうがビジネス（ホテル）であろうが関係なく、もう連日満室満室満室満室。部屋が空くことなんかないっていうぐらいでしたから。いまはもうそんなことはないですね。非常に厳しい。

為替レートなんて関係ないように思いますけども、円安で電気代も相当上がってますし。ホテルの暖房は都市ガスが多いんですけど、なかには重油でボイラーを焚《た》いているところもあって、重油が値上がりしてますから大変です。エネルギー費が相当上がってるんですね。

ボイラー焚いてリネンを洗濯して、プレスして、デリバリーしますから、リネン代も上がってます。樹脂製品も同じなんですよ。歯ブラシにしても髭剃りにしても、微妙に値上がりしてます。ホテル営業のコストは上がってるんですけど客単価は下がってますから、収益性はどんどん悪化してるんです」（波木井組合長）

バブル期に比べて料金も安くなった。

ラブホテルは休憩二時間が基本料金だったが、いまは客が減ったのを呼び戻そうと三時間になり、さらに円山町のラブホテルでは四時間が主流になっている。同じラブホテル街でも、駅にいくらか近い道玄坂エリアは三時間が多い。

一方で人件費は上がっている。

大手牛丼チェーンが深夜労働の担い手が見つからず、やむなく深夜帯の営業が中止になったように、ラブホテル業界も人手不足になっている。私たちが取材でラブホテルの裏側を覗かせてもらったときも、アジア系の外国人女性が半数近くいた。

日本人労働者、なかでも若い世代がこの業界に入ることは少ない。

アベノミクス以後、仕事先が増えたためラブホテル業界に人が来なくなった。

必然的に高齢者が多くなり、六十代は当たり前、七十代も珍しくない。

これから急増する高齢者の職場として、ラブホテル業界は貴重になる。

「そう。社会貢献してるんですよ、我々は。高齢者は、これしか仕事がないと思うとね、一生

「休憩４時間」が円山町のスタンダードに

懸命やるの」と一寸木会長。

「若い人が、風呂洗ったり、ベッド作ったり、そういう仕事をあんまりやりたがんないんですかね」と波木井組合長。

経営者にとって、最近の若者たちのラブホテル離れも見過ごせない。

一寸木会長が語る。

「こんな話があるんですよ。よその組合長と会合のあとちょっと飲んでましたら、〝俺、こないだぞっとしちゃったよ〟って言うんです。〝キャバクラへ行って女の子が五人ついたんだよ。僕はレジャーホテル（ラブホテル）やってるんだけど、君たちは我々のところをどのくらいの頻度で利用するの？〟と質問したら、五人のうち三人が、〝わたし、使わない〟って。〝彼氏いないの？〟って聞いたら、〝いるけど、わたしのマンションか彼氏のアパートでするじゃん〟って。〝それ聞いてぞっとしちゃった〟って言うんですよ。我々が若いころは『神田川』の世代だから、ベニヤ板一枚で仕切られた四畳半へ女の子連れてこれないわけですよ。だからアルバイトを一生懸命やってお金を貯めて、ホテルへ行ったわけなんですよ。ところがいまは行かなくても済むっていう……」

ラブホテルはいま、生き残りをかけてサービス合戦をしたり、部屋を改装して、女性客をつかむような営業戦略をとっている。

一寸木会長が経営する「ホテル　ホワイトシティ23」は、軟水エステウォーターという新型の軟水器を設置し、肌にやさしい水を提供するのが売りだ。

最近では、カップルが性行為をする以外にもカラオケに興じたり、女子会を開いたり、老人がカラオケや飲食をしたりなど用途が多様化していることもあって、ラブホテル業界ではマイナスイメージのあるラブホテルのことを「レジャーホテル」と呼ぶようになっている。

回らない回転ベッドの謎

ラブホテルは旅館業法と風営法によって規制を受けている。

昔は回転ベッドといって部屋の真ん中に丸形のベッドが置かれ、スイッチを入れるとグルグル回り、壁の鏡によって二人の交接が鑑賞できるというものだった。普段見られない角度で交接が見られるとあって、回転ベッドはラブホテルの代名詞ともなった。いまから思えばかなり滑稽な光景なのだが。

一九八五年の改正風営法によって回転ベッドや鏡は本来の宿泊目的とは異なるとされ、新たに設置できなくなり、すでにあるベッドは回転禁止となった。

だから回らない回転ベッド、鏡張りがある部屋は古いラブホテルということになる。

客側からはわからない風営法とラブホテルの関係を、一寸木・波木井両氏が解説してくれる。

「風営法の中の一例ですけど、細かな決めごとがあるんです。出入り口が外から見えないような衝立《ついたて》があってはならない。もしそれがある場合は風俗営業だということを申告しなさい、ということなんですよ。

あと、ガラス張りで外から透けて見える風呂場はだめとか。大人のおもちゃの販売機を部屋の中に置いてはいけないとか。風営法許可として役所に届ければ、いま私が言ったのは全部オッケーです。届けないでそれをやるとアウトなんです。じゃあ届けちゃおうかっていうと、今度、届けた後のデメリットのひとつとして、まず銀行融資は受けられなくなります」（波木井組合長）

風俗営業に融資をする銀行は、格付け機関による格付けが、AAAだったものがBB＋といったように2ランクから3ランク落ちてしまう。

そのため、ほとんどの銀行は融資をしない。

風営法許可を届けている施設に融資をしてくれる金融機関は、都内では二つの信用金庫と二つの信用組合のみである。大手銀行からの融資は一切受けられなくなるのだ。

いまから三十年ほど前、厚生労働省（当時・厚生省）の課長通達によって、「もっぱら異性を同伴する施設に資金融資をしてはならない」という通達がいまだに大きな圧力となっているという。軍部もそうだが、課長・大佐クラスの中堅がいちばん現場を知っているだけに、影響力の強い政策を出すものだ。

風俗営業を届け出ることによって、ラブホテルだけがもつエロティックなサービス、透けて見える風呂場、アダルトグッズ販売、入口の衝立、といったものが認可される反面、金融機関に頼らないで営業する覚悟が必要になる。

「例えばボイラーが壊れたときに、必要な設備資金が十分ある、もしくは親戚から借りてこられる。もしくは証券会社とか保険会社からの融資を引っ張ってこれるルートを持っている。そういう、金融機関に頼らなくても大丈夫だっていう経営者は、風営法の届け出をしてもいいんですけど」(波木井組合長)

入口に目隠し用の衝立が無かったり、風呂場がごく普通のものだったりするラブホテルは、風営法許可をとらずに旅館営業、ホテル営業として届け出をしているホテルということになる。

円山町の場合は、風営法の届け出をしているラブホテルのほうが少数派だという。

ダムに沈んだ村からの移住者

円山町には、都市伝説とでもいうべきこんな話がある。

円山町のラブホテル街としてのルーツは、もともと岐阜県白川郷の人たちが、御母衣《みぼろ》ダム建設のために立ち退きを余儀なくされ、東京電力から多額の保証金を得て上京、この地で連れ込み宿を開業したことに始まる。ダムの湖底に沈んだ村のことを忘れずにいようと、ホテル名には白川をはじめ、水や渓谷にちなんだ店名をつけた――というものだ。

この説は実際に、ネット上でも多くの活字でも肯定されている。

疑り深い私は自分の目と耳で確認しないと、気が済まない。いままでにも通説だと思っていたことが、取材してみると違っていたということがある。

私の質問に波木井組合長が答えた。

「いまおっしゃった、この円山町は岐阜の御母衣ダムの方たちがルーツじゃないかというお話なんですが、あれは違うんです。たしかに白川郷出身の方々も何人か組合の中におられます。その方々が新宿、渋谷、蒲田、本郷でホテルや旅館を経営されているのは事実ですけども、もともとここのホテル街の発祥ではないんですね」

すでにこの地では戦前からホテル・旅館が営業されて、現在の繁栄ぶりの元になっていたのだという。

「白川郷の人たちが入ってきたときも、すんなり受け入れました。やっぱり有能な人たちはいたから。組合の役職に登用されて、小坂さんって方は組合長になってますしね」(一寸木会長)

一寸木正夫会長が発行人になった『渋谷ホテル旅館組合創立60周年記念誌　60年の時を刻んで』という豪華な記録誌がある。ここには〈白川郷から渋谷の地へ　シェ・ヌー　小坂智津子〉という貴重な証言が載っている。

〈昭和27年、戦後の経済復興のカギを握る原動力のひとつである電力エネルギー確保のため、

岐阜県飛騨の急流河川である庄川に水力発電所「ダム」が計画されました。〉

穀倉地帯と大家族制で家長の力が大きい地域ゆえに、立ち退きには猛反対をした。ダム絶対反対期成同盟死守会を設けて、七年間反対運動をおこなったが結局、国策を受け入れることになる。

〈174世帯230戸1200名は全国各地へと離散しました。農林業しか知らない私達は、わずかな親類・知人を頼り上京しました。

幸い、同じ地域出身の縁者である杉下茂一氏（元・竜水、21センチュリー）が蒲田で旅館業を営んでおられ、協力が得られたのを機に上京。杉下氏が帰郷した際「米一俵が一晩で稼げる」と言っておられたのが印象的でした。

昭和35年10月には田口守助氏（元・旅館田口、現・ホテルプリンセス）が、次に、松島良一氏（元・松島ホテル、現・ホテル03）、小坂邦義氏（元・ニュー白川、現・ホテルマイレ）、小坂修（ホテルシェ・ヌー）、が上京し、蒲田から渋谷に移られた杉下氏とともに渋谷の現在地に5家族が、それぞれ小さな旅館を始めました。皆、親族同様の間柄でした。〉

この記述からわかるように、先に上京していた同郷者がラブホテルで成功したことで、後発

ラブホテルに囲まれるように鎮座する千代田稲荷神社

が続いた。「米一俵が一晩で稼げる」というのだから、いかに景気が良かったのかがわかる。

いまでは経営者も三代目以降になり、白川や水にちなんだホテル名は少なくなり、しゃれたフランス語や英語に変わっている。

渋谷ホテル旅館組合に登録していた組合員がもっとも多かったのは昭和三十年ころで、約百六十軒。現在の約六十軒に比べたらかなりの数になる。住宅事情がいまより劣っていた当時、旅館業が儲かっていたということだろう。

現在も毎年、組合員同士で新年会、総会、研修旅行と旺盛な活動をしている。

渋谷のようにラブホテルがホテル旅館組合の中にすんなり入っているのは実は特殊で、全国で見ても埼玉、大阪、東京都だけである。

コスプレパーティーに招かれて

二〇一四年十一月二十四日、振替休日の午後、A社長がスポンサーになった一大パーティーが渋谷の大型クラブで開かれた。

渋谷駅からビルまでパーティー参加者の群れが続く。私もA社長に招かれ、会場に向かった。

上空を黒い影が覆った。

爆音。

見上げるとヘリコプターが舞っている。

会場は人で埋め尽くされていた。一カ月前、渋谷スクランブル交差点がハロウインの仮装行列で埋め尽くされたように、パーティーでも若い女たちがコスプレをしている。

シンデレラ、メイド、妖精、ナース——。クラブ中央のソファに座るA社長の周りに、モデル、青年実業家、IT起業家、女優、様々な男女がやってきて挨拶をする。

パーティー用の紙幣にはA社長の肖像が印刷されている。

まさに今日このパーティーは、A社長のためにあるかのようだ。

気のいいA社長は酔ったIT企業の青年に抱きつかれても、笑って受け入れている。

これから芸能界に売り出すモデル、女優の卵たちが相次ぎ、A社長に挨拶する。

浅黒く日焼けしたA社長は、本日も人なつっこい笑みを浮かべている。

先日も、ホテルでとびきりいい女にマッサージ師をつけて心と体をリラックスさせた後、交接にまで及んだ。

「自分は野球やってたんで、ノーアウトでランナーが一塁に出たらバントで二塁に送って、最後はヒットで返すという戦法を組み立てるわけです。女に対しても、最初ご飯食べる、最上階の眺めのいいところに連れてってお酒飲んで、最後部屋に連れてってという。ヒットでいい、ホームランいらないから。コツコツと。やっぱりそういうの好きなんです。

女の子も気持ちいい気分にさせて、その気にさせるっていうことが重要なんですよ。最終的にやっぱり女ってその気になったときは、女のほうが絶対いやらしいですよ。だから自分はそれを楽しんでる。ほんとうに人生、もう楽しみ過ぎてます」

パーティーは佳境に入った。

仮装した男女があちこちで歓声をあげる。

A社長、男盛りの四十四歳。

その日の夜、テレビで渋谷円山町のホテル街で発生した死亡事故についての報道が流れた。午前十一時四十五分ごろ、水漏れ確認のために縦穴を掘っていた作業員の男性が生き埋めになった。

男性は約三時間後に救助されたが、搬送先の病院で死亡が確認された。

警視庁渋谷署によると、死亡したのは足立区の土木作業員、四十四歳。

事故当時、一人で作業していたという。工事現場は土砂災害危険箇所だった可能性もあり、同署では業務上過失致死も視野に入れて調べを進めている。

現場検証が終わったころには、花と缶ビールが供えられていた。

映像は昼間、上空を飛んでいた報道ヘリのものだった。

第四章　風俗の街として

二十歳のヘルス嬢

前述のとおり、道玄坂を上り右手に曲がると百軒店になる。

この地は関東大震災直後、西武鉄道の前身、箱根土地（西武グループの中核企業のひとつであった「国土計画」の前身）の堤康次郎が旧中川伯爵邸を買収し、震災で焼け出された下町の名店をこの地に誘致したのがもとになっている。

その後、太平洋戦争の空襲で渋谷も焼け野原になるが、百軒店はいち早く賑わいを取り戻す。

昭和元年創業の「名曲喫茶ライオン」をはじめ、ラーメン店「喜楽」、カレーライス店「ムルギー」といった老舗がいまも健在だ。

二十年ほど前、この辺りは店舗型風俗店（箱型ヘルス、略称箱ヘル）やマンションヘルス（マンヘル）が賑わっていたものだ。

百軒店のとあるデリヘル店経営者から、こんな話が飛び出した。

一時期、渋谷道玄坂、百軒店にひしめいていたネオンきらびやかな箱型ヘルス店の多くは違法だったというのだ。

「店舗型ヘルスの多くは、風営法の許可をとっていない、いわゆるモグリだったんです。当時は本番さえやってなければ大丈夫、というおおらかな時代だった。最初からもう風営法はゆる

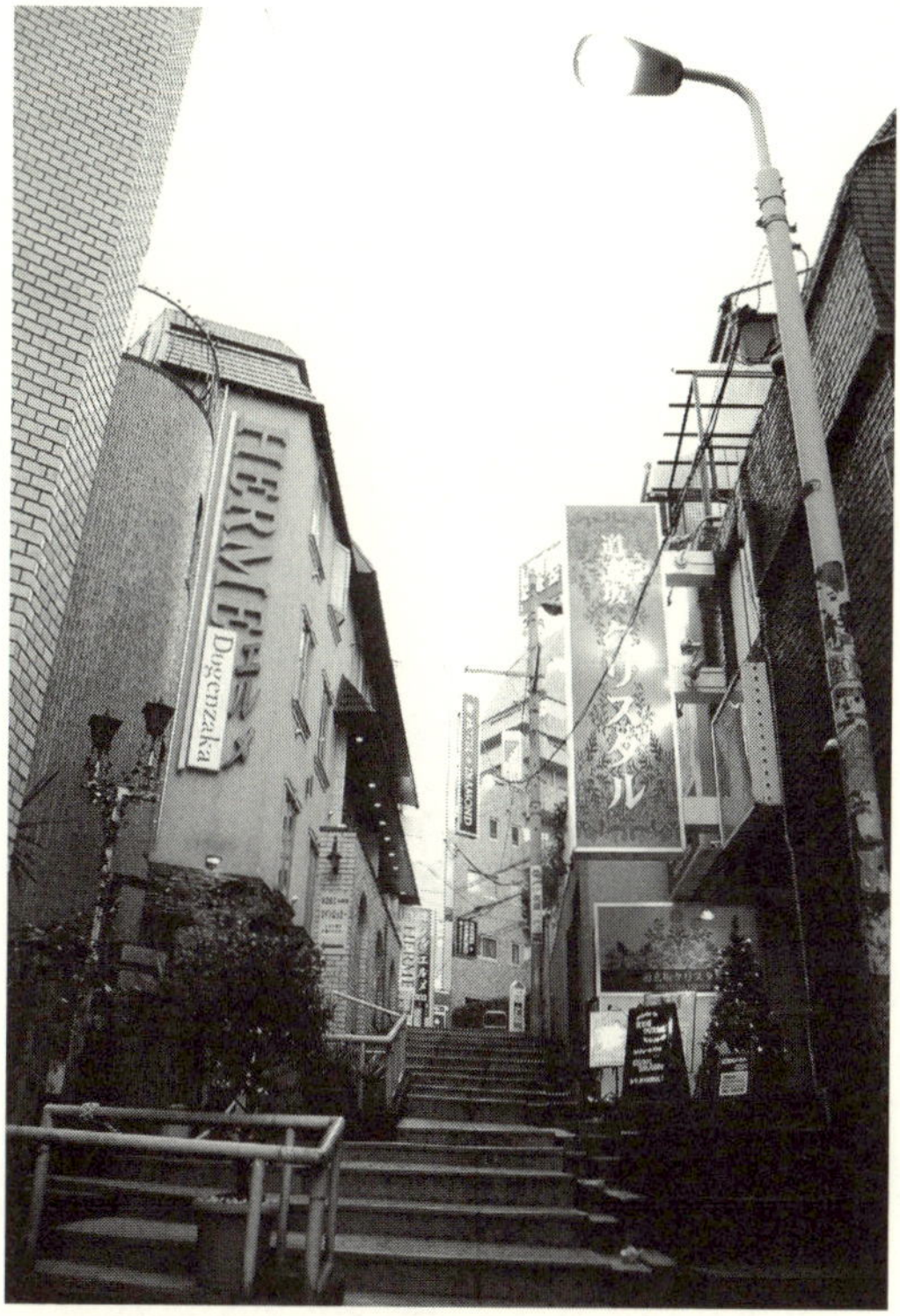

百軒店付近の石段に連なる風俗店とラブホテル

いと思って、みんな（違法だと知りつつ）やってたんです。ところがだんだんだんだん厳しくなってきて……。僕らも看板はずして店の電気消しちゃって、お客さんをこっそり入れたら鍵閉めてプレイさせちゃう。そういうことやってたんですよ」

度重なる風営法の改正で派手な店舗は営業を手控えるようになり、新規出店は難しくなった。歌舞伎町、池袋といった繁華街も同じことで、毒々しいネオンは付近の商店や住民から苦情が出て、行政側が厳しい指導をしたのだった。

百軒店でいまも営業している箱形ヘルスは、ＪＪクラブ、道玄坂クリスタル、ストロベリージャム、平成女学園の四店のみ。いずれも昭和のころから続く老舗だけである。

もっともアメとムチで、派手な風俗店は営業が難しくなったが、無店舗型風俗店（デリバリーヘルス、略称デリヘル）は届け出さえすれば誰でも営業できるようになり、風俗店の多くはデリヘルへと流れていった。

ホテルや自宅からデリヘルのオフィスに電話を入れて、デリヘル嬢を部屋に呼ぶ。自分の部屋まで女性がやってくる、という便利さと恋人感覚がうけ、現在はデリヘルが風俗業界の主流になっている。

私は百軒店を歩きながら、十八年前、この地で営業していた箱型ヘルスに勤務する二十歳のヘルス嬢のことを思い出していた。

「教護院に入ってたの」

初めて聞く耳慣れない言葉だった。

十代のころ荒れていて、補導を繰り返し、強制的に入れられたのが教護院だった。現在では児童自立支援施設という名称に変わっているが、要するに素行不良の少年少女たちが入れられる施設だ。

出院してからは飲食店を経営している両親の抱えた借金返済のために、高額の収入を得ようと風俗業界に飛び込んだのだった。

彼女はキャバクラ嬢やヘルス嬢の間で流行《はや》った前髪をツンと立てた髪型をしていた。前髪の高さはプライドの高さでもある。彼女の前髪も高かった。

双眸《そうぼう》は深みのある光をたたえていた。

当時この地で発生した東電ＯＬ殺人事件について、彼女に意見を求めたことがあった。殺害された三十代後半のＯＬについて、ヘルス嬢は「さみしかったんだよ」とつぶやいた。

まだ携帯電話がアンテナを伸ばして使用していた当時、彼女は携帯電話で友達と連絡をとり合い（メールはまだ主流ではなかった）、ぬくもりを求めていた。

私は彼女と所帯を持つことを想像してみた。

結婚とは赤の他人同士が同じ屋根の下で一生添い遂げるという、その先はどうなるかわからない賭けである。いつまでも頭の中で冷静になっていてもなかなかできないもので、ある種無謀な勢いが必要になる。

自分にあともう一押し、無謀な勢いが無かったのか、二人の関係は消えてしまった。

彼女が消えて、私の部屋に半分減ったルージュが残った。

今日も円山町を歩きながら、ふとあの子はどこに消えたのだろうと思う。

連絡先もわからない。

あれから十八年。まだ二十代だった彼女も四十路の女だ。

おそらくはいいお母さんになっていることだろう。それともまだこの地にいるのだろうか。

箱型ヘルスは消えても、記憶は残る。

渋谷発「電マ練習場」

渋谷には風変わりな風俗がいくつもある。

そのひとつが「電マ練習場」だ。

電マとは電動マッサージ器の略称である。

本来は肩こりをほぐすマッサージ器であったが、女性の秘所に振動を与えると絶大な効果を発揮することから、まったく違った目的に使用されるようになった。いまでは独身女性の自宅に置いていることも珍しくないアダルトグッズになっている。

その電マを練習する店とはいったい何なのか。

「うちは風俗ではなくて、出会いの場を提供していますんで」

電マ練習場のスタッフが解説する。

「風俗だと、お金を払って、この子がいいとか選びますよね。ソープだったらここまでできる、ヘルスだったらここまでとか。うちはそういった感じではないので、普通の素人さんが普通に登録していただきます。　女性会員さんはモニターということで、電マの感想などをいただきまして、男性会員さんはそこで電マの練習をしていただくんですね」

男性は最初の入会金三千円と、電マお試しタイム三十分一万円を支払う。

女性モニターは三十分で三千円を謝礼として店から受け取り、あとは時間でプラスされていく。練習場所は円山町のラブホテルだ。

女性も会員登録してモニターになる。時間が空いたときに渋谷に来て喫茶店で待機する。事務所から男性会員紹介のメールが来て、プロフィールが気に入ったら会うことになる。

べつに電マを練習しなくてもいいと思うのだが、風俗業界はシャレが好きだ。もっとも、解説するこのスタッフによれば、電マ練習場は風俗業ではない。

「スタッフは男性会員さんと待ち合わせして、ホテルへ案内して料金をいただいて電マをお渡ししてます。そのホテルの部屋に女性モニターさんを派遣します」

電マが取り結ぶ縁。シャイで口下手な男も、電マという一つの共通項があるから女性モニターと打ち解けることだろう。

女性モニターが電マを使って男性会員を責める逆電マプレイもある。もっとも事務所側はホテルで二人がどんな練習をしているかは関知しない。二人が会ってぴんとこなかったら、電マの練習も無しということになる。

前出したデリヘル店長は、「電マはあんまり使ってるとやみつきになって男がいらなくなるから、注意したほうがいい」と言っていた。

水道橋博士と以前対談したとき、こんな電マの思い出を語っていた。

博士が中学生のとき、マッサージ器が家にあり、父親が純然たるマッサージ器として使用していた。

それがあるとき、兄の部屋に独占されるようになり、別の目的で使われるようになった。そのうち博士も使うようになり、あまりにもすごい快感のために止められなくなり、兄弟で地獄に落ちると思い、電源コードをハサミで切ったのだった。

すると兄がガムテープでコードをつないでまた使い出した。これは本当にまずいと思い、夜中に庭に穴を掘って埋めてしまった。

翌日、兄の部屋からビーンという振動音が聞こえてくる。兄がいないときに覗いてみたら土まみれの電マがあった。

電マは男にとっても禁断の電気器具なのだ。

私たちに練習場のシステムをわかりやすく解説してくれたスタッフは、三十六歳の元サラリーマンで、大手家具店の店頭に立つ営業マンのような風情である。

「そうですね。前の会社がちょっと危なくなってきたので、次を探そうかなと思っていたんですけど、いろいろ探して高収入に目がいくと、〝風俗ではない〟というのが数件出てきて、あ、面白そうだなと思って応募したんですよ」

この世界に入って四年になる。

女性モニターは十九歳から四十代半ばまで、男性会員は二十代から五十代までと幅広い。女性モニターの本業は、薬局やペットショップ、看護師と様々だ。男性会員が女性モニターを選ぶ際に、タバコを吸う子、タトゥがある子は敬遠されるという。

スタッフは、終わってから女性モニターに電マの感想を聞くという。

ちなみに解説してくれたスタッフに、「個人的に電マを試されたことはあるんですか」と直撃すると――

「いや、ないんです」との答えだった。

「興味はありますね。その気持ちはわからなくもないなあっていうのはありますね。円山町の印象……、やっぱりホテル街っていうイメージですかね。百軒店は風俗文化がひしめいて、ちょっと入りづらいというのがありますけど、円山町はまだ静かな感じなんで、円山町のホテルが使いやすいんですね」

三善英史の『円山・花町・母の町』を知っているか尋ねたら、「わからない」ということだった。

円山町の母乳デリヘル

「北海道からおっぱい飲みに来るんですか？」

私が驚きの声をあげると、「乳パラダイス」店長はうなずいた。

「妊婦に会いたいといって遠方から来られる方もいます」と付け加える。

渋谷の変わり種風俗店「乳パラダイス」は、母乳マニア、妊婦マニアにとってまさにパラダイスに違いない。

「妊婦マニアは妊婦だけ、母乳マニアは母乳だけに分かれちゃうんです。妊婦マニアって、お腹が大きいのが魅力で、結婚してない男性が、妊婦ってどうなんだろうっていって遊ぶんです。あとは、お腹の大きくなった妊婦を、旦那さんがいても自分のものにしてしまう、寝取りの快感っていうんでしょうか。

母乳マニアはただチュウチュウおっぱい吸いに来る。とにかく母乳が大好き。だから僕は女の子に、〝抜きを捨てろ〟って言うの。抜きよりも母乳を飲ませることだけ考えろと言うんです。そうすると、母乳好きのお客さんは来ます。母乳飲んで癒されるんです。だから求めてるものが全然違うんですよ。抜くよりも母乳を飲みたいんです」

同店に在籍する二十八歳の母乳ママ〝なお〟に話を聞いた。

彼女は短大を卒業して信用金庫に就職。働くのが好きだったので土日は他のアルバイトをしているうちに神経をすり減らして適応障害になってしまい、精神安定剤を服用するようになった。

不仲だった両親は、なおが社会人になったころ離婚。なおは母についた。

ところが――

「母に彼氏ができまして、母と一緒に買った中古の家に私の居場所がなくなって、わたしが家を出たんですね。お母さんの彼氏……わたしの同級生の父親だったんですよ！　不倫してたんです。母の昔の恋人っていうのが、その人だったらしいんですよ。何年かぶりに再会して、また恋が再燃したらしいんですけど、その人が家に来たときに、わたしに〝高校どこ？　何歳？　うちの息子と一緒だな〟みたいなこと言うから、わたしの同級生のお父さんだってわかっちゃった。もう気持ち悪くなっちゃって。

不倫も嫌だけど、同級生の父親とどうして!?　と思って、もうわたし、家にいたくなくなっちゃったんですね。一人暮らしをしたんです。そうしたら、余計さみしくなっちゃって、お金も無くなってくるし。そのとき付き合っていた彼にふられて、お酒に逃げちゃいましたね」

昼間は会社勤めしながら夜、スナックで働くようになった。

母と中古の一戸建てを買ったとき、名義人はなおになっていたので、住宅ローンの一千万円が重くのしかかってくる。キャバクラでも働き出したが、ローン返済は毎月やってくる。

キャバクラに来ていた客と付き合うようになり、妊娠が発覚。

男から「堕ろしてくれ」と言われたが、なおは産むことを選んだ。

なおの決意に男が折れて、二人は籍を入れた。

夫は外国人相手の個人輸入をする一方、違法ハーブを取り扱っていた。

逮捕されて出所してから会社勤めするようになったものの、ブラック企業だったために帰宅はいつも朝方、二時間程度の睡眠でまた出社する。そんな過酷な日々のためもあって、育児を手助けすることはなかった。

「三十分ぐらい子どもが泣き続けても、隣りの部屋で寝てましたからね。こっちはもうパニックでした。たぶん本人もいっぱいいっぱいだったんだと思います。旦那さんからしてみれば、遊びで付き合ったキャバ嬢に子どもができちゃったから、じゃあ（結婚でもしようか）っていうのだと思うんですね」

住宅ローン支払いのための貯金も取り崩し、いよいよ生活費も底を突いた。ベビーシッターに赤ん坊を預けたら、それだけでなおの一日の稼ぎは飛んでしまう。

どうしよう……。

「もうお金に困り過ぎて、行くところなくて、探しに探したんですけど。どんな託児所かもわからないと預けるのが怖くて……。そうしたら子どもと一緒にいられて、仕事の合間に子どもと会えるこの店があったんです」

なおの話を聞いているのは、「乳パラダイス」のママさんたちが待機する部屋だった。

室内にはベビーカー、紙おむつ、濡れティッシュ、ぬいぐるみが置かれ、託児所のようである。この店なら、円山町のホテルで客に母乳を吸われながらも、その間は待機室で他のママさんたちが赤ちゃんの面倒をみてくれる。

逆に、他のママさんがホテルで母乳プレイしているとき、なおが他のママさんの赤ちゃんを面倒みてあげる。いい関係ではないか。

夫には「近所のスーパーでパートタイマーをしている」と言っていた。

だがある日、夫が神妙な顔をして、「おまえ、変な風俗で働いていないか」と問いただしてきた。

夫はなおの携帯履歴を見て、番号にかけてみたのだった。

出たのは「乳パラダイス」だった。

なおは「もうやらない」と言っておいたが、家族の生活費と住宅ローンの支払いがある。

今度は「パン屋で働いている」ということにして、「乳パラダイス」で働き出した。

愛らしい顔立ちと男を癒やす微笑。

首筋からうなじにかけて、とてもきれいな素肌をしている。思わず見とれてしまいそうだ。

「もう（母乳飲ませるのも）慣れました。抵抗ないです。前はけっこう神経質に消毒とかしてたんですけど、最近はシャワーで洗えば、その後はね。慣れちゃいました」

店のホームページには、なおが勢いよく母乳を飛ばす写真が掲載されている。

乳首をつまみ、真正面に母乳を飛ばすと母乳は白い飛沫になって四方八方に飛ぶのだと、初めてわかった。


――なおの紹介文――

〈小柄で素敵な奥様、母乳ママさんの復帰です。

性格が良く、笑顔が可愛い魅力的な母乳ママさんです。

素敵な笑顔と優しい愛情はいかがでしょうか。

母乳量、ご心配ありません。〉

お乳がよく出る食べ合わせというのがあるのか尋ねてみた。

「やっぱりお餅とお煎餅《せんべい》です。よくお乳が出ますね。お餅って病院で禁止されるんですよ。お乳が出過ぎるから。わたし、出勤する前はお餅を一個食べるようにしてる。すごい出ますよ。それからもち米のお煎餅。すごい出ます」

さっきまで客に延々と吸われてきたなおは、気のせいかすっきりした表情である。

「甘えたいっていう人が多いんだと思うんです。だからガシガシ攻めてくる人は少ないんですよ。いないって言っても過言じゃないですね。だからこの仕事、続けられると思いました。(母乳マニアは)マザコンだと思います。自分の母にっていうんじゃなくて、母性っていうか、おっぱいが好きなんですよね。おっぱいって、女の人の象徴ですし。チュウチュウおっぱい飲みますね。

最初、〝こんにちわ?〟から始まって、〝じゃ、シャワー行きましょうか〟〝お話ししましょうか〟なのか、いきなり〝おっぱい触りたいです〟なのかは雰囲気を見て決めるんです。それでいよいよ〝じゃ、おっぱい飲みたいよね〟みたいな感じで、〝ひざ枕する?〟って言うと、大抵の人は、ワンワンってしっぽ振ってるのが見えるくらいになるんです。アハハハ。喜びます。おっぱい飲むのが気持ちいいんだと思う。

三十代、四十代がわたしのお客さんですね。既婚、独身半々ぐらいかな。自分にお子さんがいるお客さんもけっこう多いですよ。それから母乳が飲みたくても、奥さんに言えなかったから、こういう店に来ましたみたいなお客さんもいます。母乳と性行為が合致しないんじゃないですかね。

普通に母乳の味が好きな人もいますけどね。〝甘くておいしい〟とか言って、目をつぶってずっと飲んでる。〝うーん、おいしい〟って。うん、勃《た》ってます。添い寝しておっぱいを吸う〝添い乳〟してあげるんです。そうすると、チュパチュパチュパチュパ。だんだん興奮に持ってく人と、もうまったりそのまま三十分ぐらい吸ってる人もいます。

なかには、〝ママー、怒ってー〟とか、〝叱って〟って言うから、わたしも〝こんなに勃っちゃってダメでしょ〟って言ってあげると、すごい興奮して、〝もっと言ってー〟って言うんです。ちゃんとした企業に勤めるスーツの人が多いですね」

戦士の休息といっていいのか。

なおにとって、円山町の印象はあまり芳しいものではなかった。

「よく使うホテルが二軒あるんですけど、臭いんですよ。たぶん下水じゃないですか。汚いし」

赤ちゃんをあやしながら

「乳パラダイス」に在籍している〝りの〟は、なおとともにこの店の人気ママさんである。

二十五歳、夫と子ども一人。普段は介護福祉士をしている。

りのは生後三カ月の赤ちゃんをだっこしながら私の質問に答える。

私も長いあいだ、この種の仕事をしてきたが、赤ちゃん付きでインタビューをするのは初めてだ。貴重な経験である。

なお同様、りのもまたしっとりと光り輝く美しい素肌だ。出産直後、母乳が出るママさんたちは、女性ホルモンの分泌が絶好調なので肌の状態もすこぶるいいのだろう。出産という女としてもっとも幸せな実務を果たした充実感もあるのだろう。

「肌、きれいですね」

「そうですか、何だろう。母乳をあげてるからですかね。でもね、子どもを産むと、女性は初めて完璧な体になれるらしいです。ある産婦人科の先生がおっしゃってました。だから産んだ後のほうがセックスが気持ちよかったりとか、神の領域に行けるらしいですよ」

「乳パラダイス」で働き出したのは妊娠八カ月目からだった。

「最初は鴬谷の風俗店で働いていたんです。ちょっとたまたま当たりが悪くて変なお客さんについて……」

りのが入った人妻デリヘルは、主に鴬谷のラブホテルで待つ客を相手にしていた。五十代半ばの立派な身なりの中年紳士が客になった。プレイが終わり、紳士が名刺を差し出した。大きな会社の代表取締役だった。

「けっして怪しい者じゃないからね」

紳士はそう言ってりのを安心させようとする。りのは男好きする愛くるしい顔立ちで、乳房も大きく、腰のくびれもある。男が夢中になる要素はすべてそろっていた。

「僕と付き合えば、きみにとってもプラスになるよ、きっと」

紳士は自信たっぷりにりのを口説く。りのはやんわりと断ってホテルを出た。

近くにある店の事務所まで行ってその日のギャラを受け取り、電車に乗って東京郊外の駅で降りた。改札を出ると、後ろから声がかかった。

「ああ、ここなんだ。偶然だね」

振り向くとさっきの紳士が微笑んでいた。

背筋が寒くなった。

「一緒にご飯付き合ってよ」

「あの……、主人が待ってますから」

りのは駅前のタクシー乗り場に走り、タクシーに乗り込み、市内をぐるぐる回ってもらって、やっとのことで自宅にたどり着いた。

「もう怖くなってお店には行かなかったんですよ。びっくりしました。ほんとに」

りのは他の店を探した。

出産して生後三カ月の乳飲み子を抱きかかえ、働ける店はないかとネット検索したところ「乳パラダイス」と出会った。

「りののご主人は、りのさんがここで働いているって知ってるんですか?」

「知らないです」

「じゃ、りのさん、何をして働いてるってことになってるんですか?」

「家にいると思ってます。産休中で介護福祉士の仕事ができないので、その間だけここにお世話になってます。(赤ちゃんがぐずりだす) ああ、ごめんね、ねんねしな。よしよし。あ、すいません。この店に来たのは妊娠八カ月のときです。出産のため三カ月ほどお休みをいただいて、三週間前に復帰しました」

りのが大きなお腹を突き出した妊婦のときは、妊婦マニアが押し寄せた。

三カ月後、復帰したときは母乳マニアが押し寄せている。

女性にとってもっともハンディなのは、妊娠期間中から出産をへて子どもが二、三歳になるまで仕事ができないことである。

ところが「乳パラダイス」では女性がもっともハンディを背負ったときこそ稼ぎ時なのだ。

「妊婦マニアと母乳マニアは分かれます。妊婦さんのお腹の出てる曲線美がいいっていうお客さんもいれば、人の奥さんに悪いことしてるっていうことに興奮するお客さんもいます。あとは妊婦は病気がないから大丈夫だろうっていうお客さんもいる。

母乳好きはもう純粋に大きなおっぱいが好き。わたしはFです。妊娠前はDだったんです。2カップ上がってますね。母乳好きな方は抜く抜かないじゃなくて、一時間ずっとおっぱいだけ吸って帰りますから。乳首取れちゃうんじゃないかっていうくらい吸います。吸い終わったらおっぱいスッカスカ。でもみなさん悪い方じゃないんです。ほんとにおっぱいが好きなんです。基本的に独身の方が多いですね。本気で母乳好きな方って、やっぱりそういう性癖があるのかなとか思っちゃいますけど。

仕事のときは赤ちゃんには粉ミルクです。最初この仕事を始めたときはすごく抵抗があって、子どもに申し訳ないなっていうのがあったんですけど、やっぱり稼げることに価値を置いちゃってる自分がいて。おっぱいイコールお金っていう感覚になっちゃってます」

現在の夫と出会ったのは、いまから十年以上前だった。

お互いビンテージカー好きで、週末に同好の仲間たちとビンテージカーでドライブするのが楽しみだった。

現在の夫とは先輩後輩の仲で、りのが紹介した女友達と先輩が結婚し、出産したとき、りのは出産祝いを持って病院まで駆けつける仲だった。

数年後、その先輩から電話が入った。

「久しぶり」「元気?」という挨拶を交わしていると、先輩が「いま、離婚調停中なんだ」と漏らした。

「子ども二人はたぶん俺が引き取る」

先輩の話によると、仕事から帰ったら、二人の子どもが泣き叫んでいる。女房はいなかった。子どもを置いて自分の荷物だけ持って家出したのだった。原因は彼女の不倫だった。

裁判所で離婚調停の書類にサインをして、子ども二人は夫が引き取った。

りのにとって、二人の子どもは生まれたときから知っていただけに、他人事ではなくなった。

「子どもたちを連れて遊びにでも行こうよって、出かけたんですよね。いろいろ話を聞いたら、旦那さんより、子どもたちこれからどうするんだろうって心配になってきて。なんか勝手に母性が生まれたっていうか、勝手に守ってあげなきゃという心ができちゃった」

男女の関係になったのはつい最近のことだ。

自然と一緒に住むようになり、先輩とりのは結婚した。りのは、連れ子二人と新たに生まれた子どもの三人のお母さんになった。

「幼少期、我慢我慢の生活をしてて、初めて働いてお金を手にしたときの嬉しさっていうのが忘れられなくて、お金を稼がない間がすごい不安になっちゃうんですよ」

りのが「乳パラダイス」で働き出したことは、夫には内緒だ。

毎日、自宅からだっこ紐で赤ちゃんを抱えて電車に乗って渋谷までやってくる。

「毎日大変ですね。そんなりのさんのこと、誰も非難できないですよ。偉いじゃないですか」

「いやいや、全然そんなことないです。わたしの都合で連れ出してるからね」

「お子さん産む前と産んでから、違いってあります？　産んでみてわかったこと」

「産んでわかったこと？　こんなにも愛しいものが世の中にあるのかっていうのがわかりました。同時に親にも感謝ですよね。わたし、ほんとうに子どもが苦手で、一人っ子っていうのもあるんですけど、小さい子どもに触《さわ》れなかったんです。子どもを見ても、可愛いっていうよりは、どう扱っていいかわからなくて困っちゃうっていうほうが先だったんです。

　でもこの子を産んだら、上の連れ子の二人も、より可愛くなりました。ああ、こうやって、この子たちも成長してきたんだなっていうのがわかったから。もっともっとわたしにできるなら、もういっぱい愛情を注《そそ》いであげたい」

本日、りのは四十代と五十代、二人のサラリーマンに母乳を吸われてきた。

「母乳ヘルス。どうですか、やってみて」

「案外楽しんでます。やっぱり人が好きなので、いろんな方がいらっしゃるなと、純粋な分析ができるし」

りのが体を揺らしながら赤ちゃんをあやす。

「わたしのお父さんが原発作業員なんですよ。チャラ男なんですよ。アハハハ。チャラ男の原発作業員。原発で働いててそんなに給料高くないのに、奥さんをとっかえひっかえしちゃうんで、腹違いの子どもが五人いるんです。

わたしは一人っ子なんですけど、もう幼稚園の低学年のときには別居してたので。母親に引き取られて、ずっと母親と一緒にいたんです。いちばん最初の奥さんがうちのお母さん。お父さん、もう六十です。五十過ぎても子ども作りましたからね、元気ですよね」

「りのちゃんのお父さん、すごいね」

「お父さん、アクティブです」

「アハハハ。そうですね、ずっと再稼働って感じですよね」

「アハハハ。そうですね、ほんとに。ほんと元気だなと思う」

りのは原発のある隠された裏面を漏らした。

「テレビで原発が爆発した報道が流れる一時間前に、お父さんからメールが来たんです。〝福島が爆発した！　おそらく放射能が出ると思う。危ないからもう外に出るな。水も確保しとけ。できるものは全部確保しとけ。何かわかったらすぐ連絡するから〟って。でも、わたしなんか半信半疑じゃないですか。またまたぁぐらいに思ってたら、やっぱりあれだけの大ごとになったんで驚きました。

とりあえずその日は待機で、お父さん帰れなかったみたいで、後から福島に応援に行ってましたね。（赤ちゃんがぐずる）ああ、よしよし、ねんねねんねー。すいません。だからお父さんチャラくて、あちこちに女がいて、養育費なんて入れるはずもなく、わたしはお母さんに女手一つで育ててもらったんです」

りのにとっての円山町とは――

「そこの『ムルギー』ってカレー屋さんが好きです。もう先代、亡くなっちゃったみたいですけど。ちょっと甘めなカレーでわたしは好きな味です。スパイシーで茶色いカレーが好きなんです。ムルギーはすごい茶色い。あと、もっと若いころは円山町のクラブによく来てました。『アトム』っていう大きなクラブ。十代から二十代前半はよく来てました。なので、円山町のホテル側は見たことがなかったんです。このお店で働いたときに初めて百軒店の坂を上がったんですよ。

円山町ってなんか面白いですよね。ホテルいっぱいありますけど、ほんとに古い民家が急にぽつんとあったりとかね、クラブもあるし。いろんなものが入り混じってるなって思います。若い人も年配の方も混じってる」

タバコと母乳

落語家初の人間国宝、五代目柳家小さんを思わせる「乳パラダイス」店長は、昭和二十五年、福島県いわき市浜通りで生まれ育った。

「今回の震災で全部、旅館ホテル駄目になっちゃったの。残ってるところ少ないんですよ。もう客も来ないし、旅館も直す力がないから、銀行も貸さなくなっちゃった。もうほとんど潰れたところが多いです。何軒も残ってないと思う。湯本駅降りたら、お土産屋さんが一軒もないです。ハワイアンズは生きてるけど、その周りのお店は全滅ですよ」

高校を卒業すると、超大手電機メーカーに就職し、大阪で研修をすると栃木の大工場に配属された。飲食店に興味をもち退職して手がけるが商売がうまくいかず、水商売に手を伸ばす。知り合いから中国エステの店をまかされ、徐々に風俗の世界に足を踏み入れる。

渋谷に来たのは十年ちょっと前、「乳パラダイス」をまかされたのは数年前からだ。

「母乳？　飲む気しないですよ。アハハハ。そういう趣味無い。この仕事始めたころ、待機所の女の子が通るだけで乳くせえなと思ったんだけど、最近慣れちゃって。でも、僕はね、最近おっぱいの出る子が少なくなってると思うんですよ。いまの現代っ子ってハンバーガーとかさ、きちんとした食生活してないんじゃないですか。だから肥満児が多いですよね。体の弱い子とか。お母さんがあんまり母乳出ないんです。前はもっと出た人いたんじゃないかなと思うんですよね」

家出してきた十八歳の少女に部屋を貸し与えたこともある。

少女は堕胎しようか、トイレで産み落としてそのまま死なせてしまおうかと悩んでいたが、部屋を借りられたことで出産できた。

いまでは子どもの命を救った男として、実の親以上に慕われている。

待機所にはミルク、紙おむつ、お尻ふき、育児に欠かせないものはすべてそろっている。

店長は気になることを話し出した。

「待機所で赤ちゃんが泣きだすから、タバコを吸わない他のお母さんの母乳を飲ませたんですよ。そしたら落ち着かないんですよ。それでタバコ吸ってる他のお母さんの母乳をあげると、子どもが落ち着くんです。この子のお母さん、タバコ吸ってるんですよ。これ、ちょっとヤバいんじゃないかと思うんだけど……」

「ああ、母乳にニコチンが入ってる?」

「そうです。それがあり得るんじゃないかなって、タバコ吸わないお母さんから言われてるんですよ。僕もタバコを吸うんですけど、イライラするとタバコ吸いたくなるじゃないですか。だから、子どもも同じじゃねえかって。ニコチンの入ったミルクが欲しくなるんじゃないかって」

「ああ、それはありえるかもしれないですね」

「赤ちゃんも間違いなく、タバコ吸うお母さんの赤ちゃんは気管が弱いです」

店長から見て、円山町はどんな街なのだろうか。

「僕から見れば、円山町ってなんか古風な感じがあっていいんじゃないかなと思います。サラリーマンの隠れ家的な場所で、おいしい食べ物屋さんがありますからね。居酒屋『すみれ』はビール安いんですよ、生ビール百八十円です。あそこ、お客さんでごった返してますよ。あと『雀のお宿』っていうお好み焼き屋さん。ホルモン焼きでは『あじくら』、スナックじゃ『和（やわらぎ）』。あそこも有名でお客さん入ってますね。あと、立ち飲み屋さんが増えました。日本酒の立ち飲み屋とかワインの立ち飲みとか、お店が新しくできてますね。ここのそばにある『喜楽』っていうラーメン店、焦がし醤油みたいなやつ、あそこはもういつもお客が入ってます」

デブ専デリヘル

昨今の風俗業界はますますユーザー側の要望が細かくなり、それに合わせて営業種目も細分化されている。

「乳パラダイス」をはじめ、巨尻、爆乳はもちろん、貧乳専門店も登場し、風俗業界ではタブーだったタトゥの入った女の子専門店まで出現している。デフレによる低価格の店はとうとう三十分三千九百円をうたうその名も「サンキュー」なる店まで登場した。

円山町を取材して歩き回っているとき、百軒店の辺りで、人間国宝五代目柳家小さんに似た男が前から歩いてくる。

「乳パラダイス」の店長だ。

「この前はありがとうございました」

「いえいえ」

「店長、それで他に風変わりな風俗店、どこかご存じでしょうか？」

「ああ。知ってる。いつもレストランでフライばかり食べてる、こんな太った（両手を広げる）女の子たちがいるんですよ。『ちゃんこ』っていうデブ専のデリヘル。そこなんかいいんじゃないかな」

「乳パラダイス」とは同じデリヘルでライバル店なのに、なんと気のいい店長なのだろう。

礼を述べてさっそく「ちゃんこ」を直撃。

店から二人の女の子を紹介してもらい、喫茶店で話を聞くことになった。

目の前に座る二人は、らむ・ゆうほ、ともに二十歳。

「ちゃんこ」では、重い体重別に横綱・大関・関脇と力士のように階級別になっている。

らむ・横綱、体重95キロ、身長163、B127・W111・H121。Iカップ。

ゆうほ・前頭、体重71キロ、身長160、B98・W79・H105。Fカップ。

らむとゆうほ、ともに店の指名上位であり、意識して見せているわけではないのだが、とても大きな乳房ゆえに、白い谷間がたゆたうようだ。

らむはクールで、ゆうほは愛嬌がある。

「友達と一緒に入ったんですよ。でも友達は半年たたずに辞めちゃって、わたしが残った」とらむが語る。

「らむさんが、この仕事やり続けられてるポイントは何ですか」

「環境。女の子同士がみんな和気あいあいやってます」

ゆうほが同意する。

「わたしのきっかけは周りで風俗をやり始めてる子が出てきて。そういう話聞いて漫画とかドラマの世界でしか知らなかったから、どんななんだろうって気になって。もともとそういう行為は嫌いじゃなかったから、どんなもんかと。アハハハ。わたし、もともと人見知りしなくて。ここ入ったきっかけが好奇心だったんです。ちょっとわくわくしてました」とゆうほ。

この店に来るのは、太った女性を好む男たちばかりだが、それぞれ微妙に欲望が異なる。

ゆうほによると「抱き心地とか触り心地とか、くっついたときに骨々しくないとか、そういうの求めてくる方が多い」

その一方でらむによると「太ってるのは別にどっちでもよくて、おっぱいが大きければいい、お尻が大きければいいとかいう人も来ますよね。それこそね、好奇心だけで来る人いますよ。どんなもんなんだろうって」

「ちゃんこ」の人気嬢らむ（左）とゆうほ

らむのお客はMが多い。

内側にトゲがあるリングを持参して、陰茎にハメさせて、らむがムチでたたく。興奮してくると勃起した陰茎にトゲが食い込み、悶絶、血だらけになりながら満足して帰って行く。

ゆうほの客はSっ気がある。

ゆうほを目隠しし、手を縛り小水させると同時に、小さな口に一物をねじ込ませる。

二人が話すたびに、谷間が波打ち、しっとり汗ばんだ素肌が輝いている。SであれMであれ、男たちは二人の巨大な乳房に埋もれて窒息したがる。

二人の性欲ではなく食欲について尋ねてみた。

らむは焼き鳥やおつまみ系という「おっさんの好む食べ物」が好きで、なかでも大好きなタンなら十人前食べるときもあるという。

ゆうほもまたおっさん系が好きで、「ホルモンとかハツとかそういう部位が好きです」とのこと。料理ならなんでも合うもやしも大好きだ。

二人とも、「どこかの店でフライを食べているようなことはないけど」と首をかしげる。

「そういうイメージで見られてるのかなあ」と二人。

私は妙齢の女性にとってもっとも気になる質問をぶつけてみた。

「どうですか、体重とか気になります？」

二人は「気になりますよ」と答えた。

重量級を押し出す店なのだから、女の子たちも無限大の食欲を気にせずやっているのかと思いきや、世間の女たちと同じだった。

らむが太りだしたのは中学後半からだった。十代のころ遊び歩いて外食したり、友達の家でお菓子を食べているうちにさらに太りだした。

ゆうほの場合は、おばあちゃん子だったので、食べなさい、食べなさいとかわいがられているうちにぷくぷくしだした。男子の友達が多かったので、一緒に食べているうちにさらに太りだした。

「こういうお店に入ると太るんですよ。自分のその日の生活リズムで、お昼にご飯食べても、いろんな子の生活リズムに付き合っちゃうんです。〝わたしもコンビニ行こうかな〟とか、〝これ食べる？　あれ食べる？〟なんてやったり。仕事終わってからも食べちゃうじゃないですか。そうすると、やっぱ太っちゃいます。わたし、入ってすぐに七キロぐらい増えちゃって、気にして前の体重に戻すようにしてるんですけど。食べて動かないのはよくないですよね。それと、食べる時間帯ですかね。夜はやっぱり太ります」

らむも「夜食べると太る」と言う。

二人ともこれ以上太る気はなくて、現状維持か減らしたいという。やはり年頃の女の子だ。

らむの夢――

「早く結婚したいですね。何だかんだ、わたしね、二十二にはしたいってずっと言ってたんですけど」

「らむさん、好きなタイプの男性、聞いていいですか」

「わたしは、ピーターパンのような無邪気な人が好きです」

「ゆうほさんは?」

「わたしはギラギラしてる男の子より、こういう(本橋を指して)、年上の渋い感じの人が好きだから」

コンプレックスと優しさ

「最初にぽちゃ店やったときは森三中ぐらいしか頭になかったんですね。でも街を歩いていて、やせてる子のほうが少ないでしょう。面接させてもらったら、いい子が多いんですよ。やっぱりコンプレックスがあるほうが人に優しくなれるんですね」

「ちゃんこ」を統括する四十六歳の部長が答えた。

「素直で感じがいい、うちの売りがそれなんですよ。最初店をやるにあたって、お客におにぎりを渡して、〝これ、女の子に食べさせてあげてください〟というコースをやろうとしたところ、衛生面で問題があるということで取り止めました」

不況風が吹き荒れる風俗業界では、いまもアイデア勝負が続く。

「ちゃんこ」はハードプレイを売りにするよりも、女の子の素材のよさと一生懸命を売りにしている。

「普通の風俗店の太ってる子たちは駄目ですね。すれちゃって。それはなんでかというと、お客さんはデブが来るとは思ってないのに、デブが来るわけじゃないですか。そしたら、やっぱりお客から罵倒されますよ。それに耐えられるメンタル持ってる子は強くなっちゃってる。その点、ぽちゃのお店だと、文句言われないですからね。女の子もそこは安心ですよね。僕もやっぱり、若いころバイクで大けがして、腰悪くしてコンプレックスがあるんですけど」

部長は以前、システムエンジニアをしていた。たまたま知り合った風俗業界の人間から誘われてこの世界に飛び込んだ。

風俗業界で生き抜くには、空気を読むことが大事になってくる。客や従業員、女の子たちが何を求め何を考えているのか、素早く察知する能力だ。

風俗業界の男たちは猛烈に働く。

私が知っているだけでも、いままでに数名、仕事中に倒れて点滴を打った従業員がいた。

部長も新橋の店で働いていたとき、何度か倒れて点滴を打った。

「円山町には期待してますけどね。いまの円山町は年齢層が上がってきてるんですよ。前は若者の街だったじゃないですか。自治体か何かがイメージを良くしようとしてか、円山町を歩いてる人もちょっと年齢層上がってきてるんです。もうちょっと若者が増えたらいいのかなって思います」

箱型ヘルス店が減ったことで、街にやってくる風俗目当ての客が減った。その一方で、二昔前に比べると、ネット検索して店の情報をつかみ、直接店に行く客が増えた。街をそぞろ歩き、店の品定めをする客が減ったわけだ。

「だから〝街はさみしいんだけど、中は潤《うるお》ってるよ〟っていう話はけっこう聞きますね」

街を行き交う人の流れは、目に見えないところで変化していた。

第五章　十八年目の東電ＯＬ事件

目撃者は語る

一九九七年春――

東京・渋谷道玄坂でヘルス嬢をやっている二十三歳の彼女は、三年前までイベントコンパニオンだった。

バブル経済の終焉で仕事が激減し、風俗業界に飛び込んだ。

女のセクシャルな部分を利用すれば、高収入が得られると思った末のことだった。

彼女がそう思うようになったのは、コンパニオンをしていたころ、ある長身の男性アイドル歌手から「きみのおしっこ飲ませてくれないか。十万円払うから」と言われたのがきっかけだった。

その彼女が一九九六年あたりから、円山町のラブホテル街や近くのコンビニで、顔を白く塗った背の高い中年女性と何度も出くわすようになった。

街娼、いわゆる〝たちんぼ〟はこのあたりにはいないはずだから、バックにヤクザがついてフリーで客をとっているのだろうと、彼女は推測した。

そして白塗りの中年女性を見るたびに、「歳がいってるのに、頑張ってるなあ」と感心していた。

円山町の木造アパートの一室で死体となって発見された女性があのたちんぼで、しかも東京電力のエリートOLだとニュースで知ったとき、二十三歳の彼女は「かわいそう」と思った。大手企業に勤めた過去があるホテトル嬢がそれほど珍しくはないので、殺された女性の経歴にはさほど驚かなかった。

「人は見かけによらないんだから」

いまも彼女はそう思っている。

同じ円山町の性感ヘルスを切り盛りする二十五歳の店長は、ニヒルなマスクに似合わず人当たりがいいところもあって、この界隈で人望を集めている。

そんな店長も十代のころは荒れていた。

もともとはいじめられっ子だったが、小学校高学年から目立ちたいと思い始め、喧嘩をしたりタバコを吸い出した。中学二年から卒業時にかけて、傷害・窃盗・暴走行為・シンナー乱用を繰り返す。周りの不良はバイクで通学していたが、彼は父親の日産サニーを勝手に運転して毎朝、通学してくるので、誰も逆らう者はいなかった。

初めて少年院に入ったのは、中学二年生のときだった。

卒業前の私立高校受験では特別に許可をもらい、職員に連れられて手錠をかけられたまま電車に乗って試験会場に向かった。先生の温情でなんとか合格し、少年院も一年半近くで退院したのだったが、高校に行くよりもヤクザ事務所に出入りするようになった。

集団暴走行為で少年院に逆戻りし、高校は中退。

半年後、出院するとヤクザが喫茶店でチョコレートパフェをおごってくれた。少年院暮らしは甘いものが食べられなかったので、このときの甘さは骨身にしみた。

組員になって十代のうちから入れ墨を入れてやろうと、背中一面に彫り物を入れ始めた。

上から、「これを運べ」と命じられ、箱に入った三八口径拳銃（サンパチ）を車に積んで運ぼうとしたら百メートルも走らないうちに警察の検問に引っかかり、銃刀法違反容疑で現行犯逮捕された。

持ちつ持たれつの組と警察には、拳銃を出す代わりに幹部の逮捕を免じてもらう裏取引があった。店長は人身御供《ひとみごくう》にされたのだったが、逮捕歴は箔が付くので、それもよしとした。

未成年だったこともあって一年一カ月で出所した。

本格的にヤクザの道に進む。

そんなある日、息子の荒れた生活を諫《いさ》めようとしたサラリーマンの父は、息子と派手な喧嘩をした。その次の日、父は心労がたたり脳梗塞で倒れてしまった。母は入院先のベッドで泣き伏していた。

「命は助かりますけど、半身不随になります」

医師の言葉を聞いた息子はトイレに飛び込み、泣いた。

幾ばくかの金を支払い、組を抜けた。

少年院経験がある元ヤクザは、どこも雇わない。

東京に出てきて風俗店で働きだした。

従業員の初任給は三十万円だが、休みは無し。十人入店しても九人は一週間で辞めていく。

生真面目な勤務ぶりが認められ出世して、いまでは三軒の風俗店を持つようになった。

父は半身不随になりながらリハビリの毎日だ。

店長になった彼は、毎月実家に二百万円仕送りしている。

もっともこの二年間休日はゼロ、平均睡眠時間は三時間。点滴を打ちながら店に出たこともある。

店長は、職を求めてやってくる女たちの面接に応じる。

彼女たちとの接触を逃せば、他店に流れてしまう。

採用の決め手は、〝地味な女の子〟だ。

ブランド品を持っていると、すでに風俗経験があったりすれている子が多いけれど、地味な子は磨けば光る、伸びしろがある。

入店志望の彼女たちとの待ち合わせ場所は、円山町のコンビニ前にしている。

一九九六年十月、ニヒルなマスクの店長は、何回かその場所で奇妙な女性と出会っている。

顔を化粧で真っ白にした中年のおばさんが、長時間電話しているのだ。

そのときは、「テレクラで知り合った男とホテルに行くんだろう」とぼんやり思っていた。

彼女が東京電力の管理職だと知ったのは、知り合いの風俗記者から事件について取材を受けたときだった。

店長のもとに面接に訪れる五人に一人は三十代の女性であり、みな秘密を抱えているので、特別な事件だとは思わなかった。

店長は事件後、こんなことを感じている。

——やっぱり寂しかったのかな。風俗に入ってくる子はみんな寂しがり屋だから。

〝学級委員コンプレックス〟と〝娼婦コンプレックス〟

一九九七年三月十九日未明、東京電力に勤務する三十九歳の企画部経済調査室副長の遺体が発見された事件は、大きな波紋をよんだ。

マスコミ各社の取材は東京電力関係者はもちろん、彼女が卒業した慶應義塾大学付属女子高、慶應義塾大学経済学部関係者にまで及んだ。

名簿閲覧を商売にする会社では、彼女に関する名簿、つまり慶應義塾大学卒業生名簿と慶應出身の東京電力社員名簿の二点をセットにして五万円で販売して、飛ぶように売れた。

東京電力のエリート女性社員が、どうして円山町のラブホテル街で街娼をしていたのか。どうして殺されてしまったのか。

昼と夜の顔がまったく異なる女の最期に、世間が震撼とし、そして欲情した。

男には〝学級委員コンプレックス〟とでもいうべき潜在願望がある。

小学生、中学生のころ、勉強ができてスポーツもできて、みんなから信頼され、学級委員になった女子――そんな優等生の女子に、男子たちは憧れる。

優等生が淫らな姿を晒すとき、男たちは戸惑い、欲情する。

小中学校のころ抱いた感情は成長してからも続き、男たちは学級委員コンプレックスとでもいうべき異性観を形成する。

その一方で、男は〝娼婦コンプレックス〟とでも言うべき欲望も合わせもっている。

男の出自や学歴、容姿に関係なく、幾ばくかの金を与えれば万人と肌を重ねる、そんな聖母マリアのような慈愛に満ちた娼婦は軽蔑の対象でもありながら、見捨てておけない存在であり、苦界から俺が救い出そうと男の保護本能をくすぐる。

殺された東電OLはまさに、学級委員と娼婦の二つの顔を持った女だった。

新聞、テレビは彼女の裏の顔をほとんど報道しなかったが、本音を報道する週刊誌、月刊誌、スポーツ紙はいっせいに彼女の裏の顔を報道し始めた。

大学生時代の写真はもちろん、東電時代の写真、たちんぼをやっていたときに愛人に撮らせたヌード写真までもが流出した。

世間に衝撃を与えたのは、あばら骨が浮きでた拒食症を思わせる裸だった。

これだけ短い期間に加熱した報道は、一九九四年、筑波在住の妻と子ども二人が夫である医師に殺され、大黒埠頭で遺体となって浮かんでいた筑波母子殺害事件以来だった。

加熱する東電OL事件の報道に、十七名の弁護士グループが報道各社に人権侵害として公開質問状を送ったほどだった。

世間ではこの事件に関する熱気は、なかなか冷めなかった。

私の周りでは人が顔を合わせると、あいさつ代わりのようにこの事件を話題にした。

事件発生直後から私は取材を開始し、およそ二カ月後には講談社から発行されていた『月刊現代』に、〈東電OL事件に見る「コントロール喪失」の病理〉という原稿を発表した。

東京電力・企画部経済調査室副長が円山町のアパートで殺されるまでの心の揺れを、私なりになぞってみることにしたのだった。

あれから十七年後、あのときの原稿をもとに当時の状況を再現してみる。

一九五七年（昭和三十二年）生まれの被害者と、私（昭和三十一年生まれ）は同世代にあたる。

東京都杉並区の閑静な高級住宅地で育った彼女は、区立中学を抜群の成績で卒業し、一九七三年には慶應義塾女子高校に合格し、入学した。

私立女子高の最難関に位置するこの高校は、最近の高校受験案内を見ると偏差値73という高さで、エスカレーター式に大学に上がれる慶應義塾大学唯一の女子高である。

彼女が受験した当時も最難関校であり、この中学校創立以来、初めての合格者だった。

十五歳で女子高生の学歴社会の頂点に立った彼女は、どんな生徒だったのか。

同級生の証言を集めてみた。

「けっして派手ではありませんでしたが、べつにダサいということもなく、それなりに可愛らしくしてましたよ」

「とにかく真面目な子でした。授業中におしゃべりしている子がいれば、〝ちゃんと先生の話聞かないとだめでしょ〟と注意するし、ちょっと悪さをすると、先生に言いつけるんですよ」

「異性関係はまったく潔癖といった感じで、ボーイフレンドの話でもしようものなら、軽蔑した目でジロリ、みたいな。でも休み時間にはみんなでトランプをしたりもしましたので、友達がまったくいないということはありませんでした。ただ、特に仲良しの子がいるということはなかったみたいです」

「ダイエットしているんだとか言って、食は細かったですね。意思が強いからダイエットできるんだなって、彼女に対して尊敬みたいなものがありました」

彼女はやはり優等生であった。

社交的ではなく、自分の世界を守るタイプだった。

中学生のころからダイエットをしていたものの、思春期の女子に見られがちな程度で、後に表れる摂食障害はこのころまだ顕在化していない。

女子が思春期になると同時にダイエットに目覚めるのも、親の保護から解放され自立していく過程にあって、新たな保護の対象を探そうとするためである。

彼女たちが異性の庇護を受けようとするとき、自分の体はあくまでもか細くなくてはならない。男がつい守ってあげたくなるような小枝のような四肢が憧れだ。

一九七六年四月、彼女は私立文系の最難関、慶應義塾大学の看板学部である経済学部に進学した。彼女は高校時代もトップクラスを維持してきたわけだ。

大学に進学すると、国際経済を専攻する大山道広ゼミに入り、ここでも優秀な成績をおさめている。

ゼミの仲間から彼女について証言を集めてみようとしたが、同級生の多くが大手商社、メガバンクに勤務して海外に赴任していることもあって、発言は一人のみになった。

もっともこの直後、大学内部で事件に対する箝口令《かんこうれい》が敷かれたので、この一人の発言だけでも貴重だった。

「真面目な方でしたね。コツコツとよく勉強していましたよ。それほど男好きするタイプではなかったですね。それなのに売春をしていたなんて信じられません」

優等生で居続ける彼女は、一九八〇年四月、およそ百人の大卒新入社員の一人として東京電力に入社した。

将来の幹部候補生として、大卒女子の総合職採用を始めた第一期だった。

資本金五千二百二億円（現在は一兆四千九億円）、従業員数四万二百八人（現在は三万五千七百二十三人）、東京電力は企業規模も給与も社員福利厚生も日本企業の最高峰にある。

一九八〇年といえば、第二次オイルショックから抜け出せず、大学生の就職難が続いていた時代である。

この時期に東電に入社した彼女は、大卒女子の勝者だった。

東大卒の父親もまた東京電力社員であり、エリート街道を進んでいたのだったが、彼女が大学二年生のときに癌で亡くなっている。

父を尊敬していた彼女にとって、父の死は人生最大の衝撃だっただろう。

摂食障害が始まるのもこのころからだ。

東京電力に入社したのも、母と妹の女三人家族を自分が支えるんだという意思でもあったのだろう。

同級生たちの人物評のように、真面目なのだ。

何事にも前向きで勉強家で、曲がったことが嫌いなエリート女性なのだ。

気鋭の女性エコノミスト

東京電力四万人の中のごく少数の選ばれし女性管理職になった彼女は、どんな社員だったのだろうか。

東京電力社員の証言――

「新人研修のとき、彼女が〝アダム・スミスの理論によれば……〟と、講師に妙に熱心に質問していたので、（みんなから）変わっているなと思われていました」

「休み時間に『週刊プレイボーイ』を読んでいた男性社員に、〝あなたはそんないやらしい雑誌を定期購読していらっしゃるのですか〟と言ったのが妙に印象に残っています」

「ブラウスのボタンを掛け違えていたりして、服装がだらしなかった。昼休みや休憩時間は空いている会議室でデレッと寝たりして、変な人だと思っていたんですよ」

「だいたい四十歳くらいになると管理職として営業所の第一線に出るものですが、彼女には上司としてのリーダーシップ、コミュニケーション能力が欠けていましたから、本社に残っていたのかもしれません」

学究肌の彼女は、多くの仲間たちとひとつのプロジェクトを立ち上げて邁進するといった仕事は向かず、経済統計を扱うアカデミズムの世界が向いていた。

社会人になってからも、彼女の国際経済に関する研究意欲を示すある事実がある。

東電に入社した直後の一九八〇年五月五日、二十二歳の彼女は、〈理性を失った米国民の判断〉という題で、朝日新聞の読者投稿欄「声」へ投稿し、掲載されている。

内容は、その年の四月に起きた米国海兵隊による、イランの米国大使館人質救出作戦についてだ。

〈アメリカの無謀な人質救出作戦に、全世界があぜんとする中、当のアメリカ国民の中には、この強攻策を是認している人が多いという。そこには、国際法上から、また、成功の可能性から、作戦自体は愚挙とはみなさないという考え方があるともいわれる。

だが、行為の原因の正当性を主張することは、今回のように、その影響が極めて重要な場合、妥当であるとは考えられない。少なくとも、今世紀のプラグマティズムの母体であるアメリカで、こうした議論がなされているということは、判断が、いまや感情的なものになっていることを示すものではないだろうか。

効果の有用性のみをもって、真理の価値を判断するという、プラグマティズムの思想的基礎が、正しいか否かは議論の余地がある。だが、抽象的論議をする場合は別としても、効果の有用性が価値として評価されるなら、それは、アメリカが最もよく理解しているはずである。

それにもかかわらず、各国に対して、今回の作戦を批判する資格はないというアメリカ国民は、もはや、いらだちから理性的判断を失っている、としかいえないのではないか。

日本や西欧諸国が、これを戦争行為と決めつけるのは避けるとしても、軽々しく、「人道的見地から、心情的には理解できる」という態度をとってよいかどうかは疑問である。〉

二十二歳の新社会人が書いた論理的な文章は、八〇年代初頭のニューアカデミズムの萌芽がここにあるといってもいい。

彼女の研究熱は増していく。

一九八六年十一月、二十九歳の若さで経済論壇の登竜門といわれる第三回高橋亀吉賞（現・高橋亀吉記念賞）に論文が佳作入選したのだ。

経済評論家の草分けであり、経済誌『東洋経済新報』（現『週刊東洋経済』）の編集長を務めた高橋亀吉の功績をたたえて設けられたこの賞には、多くのエコノミストたちが応募する。その年の最優秀作には東北大学名誉教授の論文が選ばれ、佳作には七本の論文が選ばれている。

最優秀作の名誉教授も含めた八名の入選者の中で、女性は東京電力の彼女一人だ。

彼女の論文のタイトルは、〈国際協調はＣＩ（カントリー・アイデンティフィケーション）で〉。

賞の審査委員には、西武セゾングループ代表・堤清二（当時）や、日本長期信用銀行常務取締役・竹内宏（当時）といった論客が並ぶ。

唯一の女性入選者に対し、審査委員の竹内宏は「女性の論客として評価したい」と新しい女性エコノミストの誕生に拍手を送っている。

殺害されなければ、いまごろ浜矩子同志社大学教授とともに、女性エコノミストとして日本を代表する論客になっていたかもしれない。

風俗ヒエラルキーの最底辺へ

風俗産業は男性の射精を目的とする業種である。

そこで働く女性たちにとってなによりのメリットは、報酬が日払いであることだ。

東電ＯＬは当初、会社が終わると風俗店に勤務していた。

私がたまたま他の件で取材していたとき、二人のホテトル嬢から東電ＯＬが同じ店にいたという証言を得ている。

ホテトルとは、「ホテルでトルコ風呂（本番行為）」の略語である。デリバリーヘルス（デリヘル）と同じように客が待つホテルや自宅に風俗嬢が向かって性的サービスをする業種で、デリヘルの名称は風営法改正以後にできた店の呼称である。

東電ＯＬは会社が終わると人妻・熟女系ホテトルに在籍していた。

当時はまだネット検索もなく、風俗情報誌や男性週刊誌でホテトル嬢を品定めするか、直接電話でどんな子がいるか口頭で尋ねて、部屋までホテトル嬢を呼んでいた。

三十代半ばだった東電ＯＬは、女性エコノミストとしてトップクラスの地位にいたが、こと風俗業界における商品価値としては下だった。

風俗嬢たちのあいだでよく使われる「お茶をひく」という言葉がある。

客が付かないことの隠語である。

ホテトル嬢たちは、出勤すると事務所かその近くにある待機室で、客から呼ばれるまで待機している。人気のホテトル嬢は出勤する前から予約でいっぱいになるが、人気がない嬢は指名が入らず、仕事ゼロで帰宅することになる。

指名が入らない子には、店側が「指名なし」の客に付かせるのだが、いつまでたっても人気が出なければ当然、指名なしの客も回してもらえなくなる。

ホテトル嬢にとって「お茶をひく」ことは、収入がゼロとなる。

待機室で半日待っていた時間が、まったく無駄になる。

東電OLも「お茶をひく」ことに辟易《へきえき》し、いくつも店を変えた。

一九九七年三月八日に殺害されるまで、東電OLは五反田の出張SMクラブ「マゾッ娘宅配便」に在籍し、本業の無い土日に出勤していた。

この種のマニアックな風俗店は、幅広い集客は見込めないが固定客がいる。

出勤しても指名本数が少ないときは、五反田から渋谷まで出て円山町のホテル街でフリーランスの街娼、たちんぼをやっていた。

平日、会社勤務を終えてからも、毎日この地に立ち、客を引いていた。

本来ならデリヘルに在籍して、店の送迎車で客の待つホテルや自宅に向かうのが楽で安全だったのだが、過酷な指名競争には負けてしまう。

そこでやむを得ずとった選択が、円山町でのたちんぼだったのだろう。

デリヘルの場合、客の支払った料金は店とデリヘル嬢が折半というケースが多い。だがたちんぼは、客から受け取った金はすべて自分のものになる。

すべてに合理性を求めた東電ＯＬは、たちんぼの合理性が性に合っていることに気がつき、毎日街頭で客を引いていたのではないか。

仕事に前向きな彼女は、たちんぼをやっても自己に厳しかった。

一日最低四人は客をとることをノルマにし、売り上げを手帳に事細かに記していた。

事件発覚後、被害者の手帳が捜査に大きな影響を及ぼすようになる。

いまでは人妻・熟女系風俗は隆盛を極め、大いに人気を博しているが　東電ＯＬがホテトル嬢・たちんぼをやっていた九〇年代半ばは、熟女ブームというには少々早かった。

また、風俗の世界では、どちらかというと細すぎるタイプは敬遠される。

男たちがよく口にする「むっちりした子」に人気が集まる。

東電ＯＬは痩せすぎていた。

昼の世界ではエリートの彼女も、風俗の世界ではたちんぼというヒエラルキーの最底辺に甘んじるしかなかった。

六本木のＳＭクラブ経営者は、事件を聞いてこんな感想を漏らした。

「昼間ＯＬをしている自分が、夜になるとアルバイトで客からアブノーマルなことを要求される。そのギャップがすごく快感なんだって。うちで働くＭ女がよく言ってますよ」

新橋の性感ヘルス店「プリマドンナ」で働く十九歳の人気ヘルス嬢レオナは、事件発覚直後、こんなことを言っていた。

「女の武器を生かして稼いでみたい願望って、女ならみんな持ってるはずよ。女子高生だってOLだって、みんなね」

戦後を代表するある著名な推理作家の代表作に、終戦後、米兵に体を売る売春婦（パンパン）をしていた過去を消すために、関係者を消していく長編作品があった。過去の風俗歴を隠そうとする女心が動機だったが、現実の女たちはもっとドライであり、男たちが想像しているよりも風俗歴は恥ずかしいことだと思っていない。

援助交際を繰り返す女子高生に、ある教育者がテレビで「魂が汚れるからやめなさい」と教え諭《さと》していた。

現実はどうだろう。

「自分がお金になるってことは、自己肯定につながった」

と、女子高生時代に援交を繰り返し、いまでは二児の母になってPTA役員をしている女性が私に告白した。

援助交際を批判する女も、自分の結婚相手に財力を求めるのは、遠大な援助交際を求めることとそう違わない。

女は男が思っているよりも、性を金に換えることに抵抗感を持っていない。

東電ＯＬが毎夜、円山町でたちんぼで稼いでいたことは、自分の中ではすでに了解済みだったのだろう。

そして円山町に立ち、うらぶれたホテルで抱かれる自分と昼の自分の落差に言いしれぬ劣情を感じていたのだろう。

ＰＴＡ会長を務めるある三十代の主婦は、もう一つの顔があり、家事の合間にＡＶ出演していた。

「撮影で首輪をつけて四つん這いになっているとき、子どもの通う学校のＰＴＡ会長をしながら、こんなことされてる自分の姿を客観的に見ると、気が遠くなるくらい感じる自分がいます」

人間の性欲における興奮度は、落差があるほど高まる。

ビルの三階から見おろすよりも十階、二十階と高くなるほどドキドキ感は高まっていく。

高橋亀吉賞を取り、将来の女性エコノミストと賞賛されていた東電ＯＬは、円山町のたちんぼでがりがりの体を商品にして二千円を稼ぐよりも、東電の管理職という圧倒的に信頼度の高い地位をバックに、蓄積された情報と知識をもって執筆活動をしたほうがそれこそ効率もいいだろう。

すべてに合理性を求める彼女がとった選択は、不合理とも言えた。

知的な副業よりもたちんぼを選んだのは、セックスという目的もあったのだろう。

性的に満足できないと何人もと体を重ねてしまい、次の相手こそ満足させてくれるだろうと数を重ねてしまう。

深い快感を得ると、数はそれほど問題ではなくなってくるのだが。

「一回二千円」の謎

経済論壇の芥川賞といわれる賞に佳作入選した東京電力女性管理職が、渋谷円山町のラブホテル街に姿を見せるようになったのは一九九一年からだった。

殺される二年前からは、円山町周辺で彼女がしきりに行きずりの男をキャッチする姿を、何人もが目撃している。

「だらしない女で、いつも男を追いかけ回していたよ。年配の男に〝自分の娘くらいの歳の女を抱けるか！〟と叱られていたこともあったね。そうすると今度は、若い男を追いかけまわしたりもしてたっけ。

夜、遅くなるとお金を数えながら道玄坂のほうに下っていくんだ。品川ナンバーの白の国産車でサラリーマン風の男と来て、コインパーキングに車を停めてホテルに入るのを何回か見たよ。駐車場のない安いホテルを使うことが多かったみたいだね。

夜十一時ごろ、〝お客さんで、○○さん、いらっしゃいますか？〟って丁寧な口調で、あの女が来たこともあったよ。いないとわかるとさっさと出て行った。客と待ち合わせしていたん

じゃないかな」（円山町の居酒屋・女性店主）

「一人で考え事をしている様子で、ボーッと歩いているんだ。まるで声をかけられるのを待っっているかのように」（居酒屋従業員）

「うちはこの辺でもいちばん安いホテルなのに、延長料金を払わなかったり、お客さんがホテルの従業員にくれたチップを、後から〝あげなくていい〟と取り上げたり、ガタガタうるさくてケチなんで、出入り禁止にしたよ」（ホテル従業員）

女性エコノミストはなぜ、夜の円山町でこれほど奔放にふるまったのだろうか。

自らをコントロールする術を失ったかのような姿は、痛ましさすら感じる。

円山町周辺には当時、三つのヤクザ組織が縄張りをはっていた。

その中のある組の人間がこんな証言をした。

「円山町にたちんぼがいたなんて話、あの事件で知ったくらいなんだ。あの辺りはラブホテル街だからホテトルが多いんで、うちの組はそこからみかじめ料を取ってるんだけど、たちんぼがいれば当然、そっちからもみかじめ料をもらうのが筋だからね。俺たちが歩いていると、ケチなたちんぼはさっと隠れたりしてるから、気づかない場合があるんだ。

でも、なんでそんなにお金に執着してたんだろうな。この業界って金に執着する女はたくさんいるけどさ、男に貢ぐのが多いんだ。ホストでもハマってたの？　違うの？　タイで男を買ったりしてなかったの？　最近ホスト遊びじゃ金がかかるからって、タイに行って男を買う遊びが流行ってるの。真面目なOLなんてかなり行ってるよ」

一九九六年秋には、杖をついて客を引いていた姿も目撃されている。同時期に、杖をついた彼女の姿は、たちんぼのメッカである池袋駅北口の平和通りでも目撃されている。

円山町では、ラブホテルだけではなく、駐車場や公園でも性交をしていた。あまり金に余裕のない客にとって、ホテル代が節約でき、しかも五千円、あるいは最終電車が迫るころになると二千円という破格の料金で体を売っていた東電OLの存在は、ありがたかっただろう。

しかし、二千円という安さは風俗業界でも最低ランクである。池袋平和通り裏のラブホテル街にいる四十代のたちんぼは、駐車場の隅で客をとると、手と口でサービスするが、本番抜きでも三千円はとる。しかも客が新聞拡張員だと、三千円以外に営業用の洗剤をねだる。

東電OLの売春が、いかに低料金だったかということだ。

気鋭の女性エコノミストは、なぜそれほどまでにして売春に固執していたのだろうか。年収一千万円の彼女にとって、何が足りなかったのだろうか。

奔放な彼女は、安いホテルを利用していたが、シーツに幾度も排便・排尿するので、出入り禁止にしたホテルもあった。

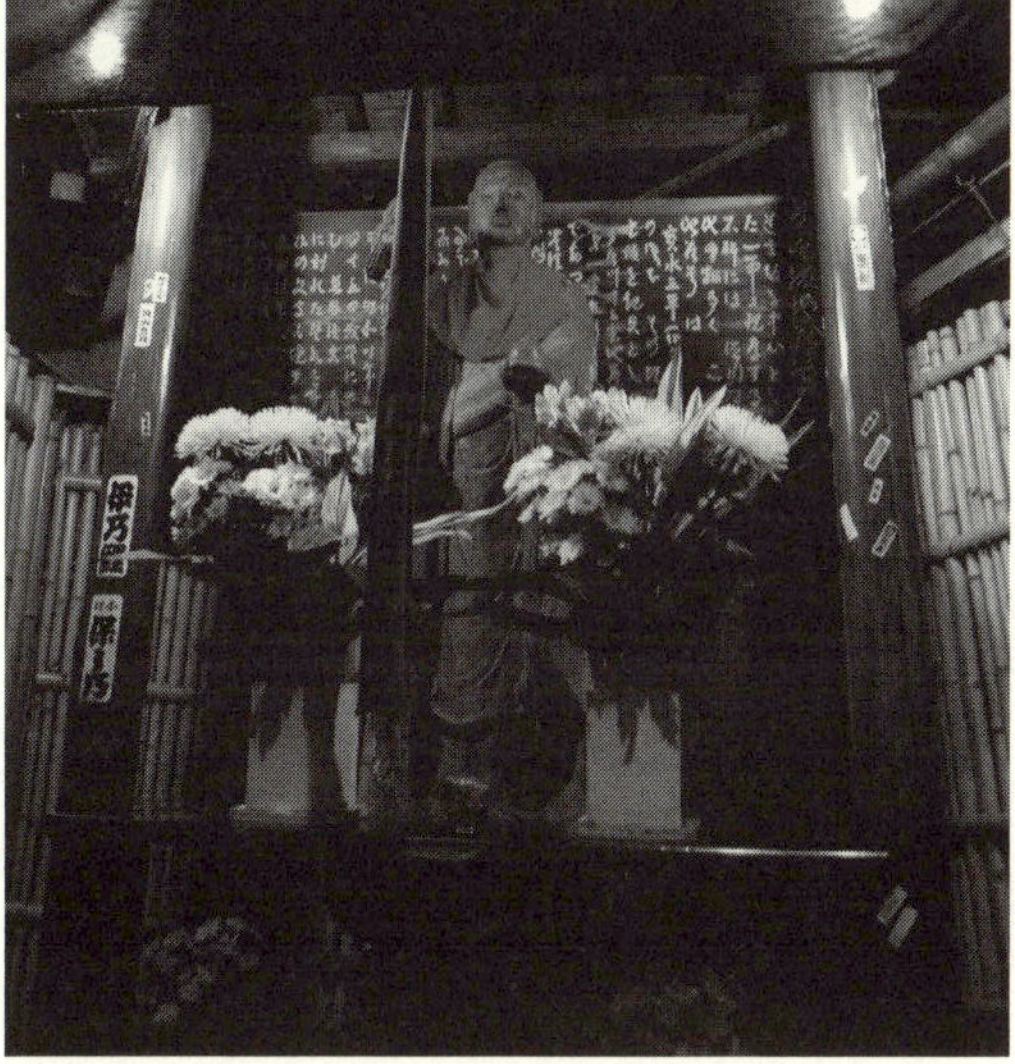
道玄坂地蔵前で被害者は毎晩客を引いていた

おそらく客とそういうプレイをしていたのだろう。

ゴビンダ論争

東京電力勤務・三十九歳女性管理職の遺体が発見されたのは、一九九七年三月十九日午後六時ごろだった。

場所は渋谷区円山町十六番地、井の頭線神泉駅の目の前にある木造二階建てアパートの一階、一〇一号室だった。

第一発見者は、このアパートのオーナーが経営するネパール料理店店長だった。

遺体はコートを着たままで、着衣の乱れはなく、死因は絞殺。

死亡推定日時は、同八日深夜から翌九日未明にかけてとされた。

八日から帰宅しない娘を案じて、実家の母から捜索願が出ていた。

社員証から身元が割れ、殺人事件として捜査が始まる。

テレビの第一報を聞いたとき、私は東京電力の戸別訪問する検針担当の女性が空き家に連れ込まれて暴行未遂の末に殺害されたのかと思った。

ところが、報道が進むうちに、東京電力本社の四万人社員の中でもごく少数のエリート女性社員、企画部経済調査室副長だったことがわかった。

夜のアルバイトをしていたことが報道され、犯人は被害者の客とされた。

被害者は手帳にその日の客が払った金額を記帳し、住所録には仕事先の関係者として東京電力の幹部や大手企業の役員の名前があった。

水洗トイレには使用済みコンドームが水に浮いていた。

後にこれが検察側、弁護側の論争になる。

五月二十日、警視庁は殺害現場の隣のアパートに住み、不法滞在（オーバーステイ）していたゴビンダ・プラサド・マイナリという三十歳のネパール人を強盗殺人容疑で逮捕した。

二十三日には出入国管理および難民認定法違反容疑で逮捕、起訴される。

強盗殺人の件については、ゴビンダは容疑を否認した。

水洗トイレに捨てられていたコンドームの中の精液はＤＮＡ鑑定の結果、ゴビンダのものと一致。死体発見現場の一〇一号室が空き室だったことを知る者は限られ、部屋の鍵を預かっていたのもゴビンダだった。

犯人なら遺体のある隣りで長いあいだ暮らす気にはならない、というゴビンダ冤罪説も根強くあった。

発見されたコンドームは、殺害された日にゴビンダが捨てたものだと警察・検察は主張したが、ゴビンダ自身は被害者とセックスしたのはその日ではなく、事件の十日前だったと証言した。

この時間差は重大であった。

事件発生時の八日に使ったコンドームなら、その直後にトラブルがあって殺害した可能性がうかがわれるが、事件十日前のコンドームなら犯人の可能性は無くなる。

コンドーム内の精子は時間経過とともに劣化し、DNAの詰まった頭部と推進運動をする尻部が離れていく。検察と弁護側は、その劣化が示す射精日について論争した。

二〇〇〇年四月十四日、東京地方裁判所は、ゴビンダ被告に無罪を言い渡した。

一〇一号室はゴビンダ以外にも被害者と性交した客がいて、部屋からゴビンダと第三者の陰毛が発見された。

「疑わしきは被告人の利益に」という刑事裁判の原則が貫かれたことになる。

即日釈放されネパールへ強制送還されるはずだったが、事態は複雑な展開を遂げる。

東京高検がゴビンダの勾留を高裁に申し立て、国外退去どころか、またもや東京拘置所に逆戻りになった。

無罪の元被告をそのまま勾留するという前代未聞の事態は、入国管理法と刑法の組み合わせがうまくいかない、法の陥穽《かんせい》であった。

メディアや弁護側、識者から非難が巻き起こった。

だが、もしもゴビンダをネパールに強制送還して、東京高裁で第二審が開かれなかった場合も轟轟《ごうごう》たる非難が巻き起こっただろう。

検察には苦いトラウマがある。

昭和三十四年（一九五九）、杉並を流れる善福寺川で日本人客室乗務員の遺体が発見され、ベルギー人の神父が捜査線上に浮上した。

原宿の連れ込み旅館で、神父と被害者が休憩していたとの目撃証人がいたこと。神父が乗っていたルノーと同型の車が死体発見現場付近で目撃されたこと。同車のタイヤ跡が死体発見現場に残っていたこと（捜査直前に自動車修理工場でタイヤは交換されていた）。被害者の下着に付着した精液の血液型と神父の血液型が一致したこと等々。

警視庁は神父を重要参考人に指定、逮捕は目前とされた。

ところが神父は急遽、帰国してしまい、事件は未解決のまま迷宮入りとなった。

この後味の悪い事件は、松本清張『黒い福音』という長編推理小説のモデルにもなっている。

大橋義輝のルポルタージュ『消えた神父を追え！　ＢＯＡＣスチュワーデス殺人事件の謎を解く』では、神父のその後を追跡し、九十四歳になったいまも慈善家として住民たちの尊敬の対象となり、幸福な暮らしをしているショッキングな事実が記されている。

昭和三十四年というと、終戦から十四年、まだまだ国際的地位が低い日本において、外国人が犯罪を犯しても逮捕に躊躇する空気があったのだ。

もしもゴビンダがネパールに強制送還されたとしても同じように、世論は騒然としたであろう。

二審において、ゴビンダ被告は逆転無期懲役となった。

最高裁でも判決は変わらず、ゴビンダは囚われの身となった。

事態が急変、再審開始を東京高裁が認めたのは二〇一二年六月七日。ゴビンダの刑の執行を停止する決定をし、ゴビンダは十五年ぶりに釈放された。

日本では三審制で判決は確定される。

だが、確定しても証拠が出て判決に重大な疑念が生じた場合は、再審を開始しなければならない。

東電OL事件における新証拠は、室内と遺体に残っていた残留物であった。

被害者の膣内に残っていた精液をDNA鑑定したところ、ゴビンダではなく第三者のものと判明。被害者の乳房に付着していた唾液も、第三者のものであることがわかった。

ここにきて、ゴビンダとは別の第三者が被害者とセックスした直後に殺害した可能性が強まり、再審が開始されることとなった。


渋谷と巣鴨を結ぶ〝点と線〟


事件において不思議なことがいくつかあった。

事件当夜、一〇一号室の窓から捨てたと思われる使用済みコンドームが数個、丸めたティッシュとともに部屋の外に捨てられていた。

これを目撃したのは同アパート二階で家族と暮らす女子高生だった。外の公衆電話を利用するために階段を降りたところ、一〇一号室から女のあえぎ声が漏れてきた。

電話をかけ終わり、戻るときもまた似た声を聞いた。

捜査では、このときの声が被害者と犯人とのセックスと推理、殺害はこの直後とした。だが、窓の外に捨ててあったコンドームは誰のものだったのか。

コンドームはすでに管理人が掃除のときに回収していた。

そしてこの事件最大の謎は、殺害から四日目の三月十二日早朝、円山町から直線距離で十キロも離れた豊島区巣鴨の民家の住人が、自宅の庭に捨てられていた被害者の定期入れを発見したことだろう。

定期券には、殺害された日の三月八日、被害者が家を出て西永福駅の改札を通った午前十一時二十五分の改札口の刻印があった。

ということは、被害者が殺害される深夜までの間に巣鴨の民家に被害者自身が捨てたのか、あるいは落としてしまった定期入れを何者かが拾い、民家の庭に投げ捨てたのか。それとも犯人が奪ったあとに捨てたのか。

裁判では真犯人が被害者を殺害後、現金数万円と定期入れを奪って、巣鴨の民家に捨てたと推定した。

ゴビンダは巣鴨に土地勘がないということが無罪の補強になった。

渋谷と巣鴨。

方角はまったく異なる。

犯人はいったいなぜそんなところに捨てたのか。またなぜすぐわかってしまう民家の庭先に捨てたのか。

永島雪夫のルポルタージュ『東電OL強盗殺人事件　午前0時の逃亡者』によると、犯人は円山町に住んでいたある人物で、巣鴨近辺の土地勘のある男と推理している。

被害者を殺害後、金と定期入れを奪い、巣鴨に逃亡し、何食わぬ顔をして暮らし、ゴビンダに第二審で無期懲役の判決が下ると、安心したのか円山町に戻ってきたという。

女のヒモのようなこの男は、次々と年上の女を食い物にし、都電荒川線をよく利用していたという。

私が地元で耳にした真犯人説は、事件発生時、円山町近辺に多く暮らしていた外国人労働者の一人が犯人だというものだった。

事件発生時、多くのメディアは巣鴨と渋谷はまったく関連性がない、と推理していたが、巣鴨と渋谷はまったく共通性がない土地ではなくて、いくつか共通項がある。

円山町と同じく、巣鴨の隣に位置する大塚もまた、三業地がある花街だった。

風俗通のあいだでは、隣の大塚と並び巣鴨も人妻・熟女デリヘルのメッカとして有名であり、定期入れが発見された民家は、大塚駅、巣鴨駅からも近く、都電荒川線もすぐ近くを走っている。

そして円山町もまた、人妻・熟女系デリヘルが盛んな地である。

交通事故犯と放火犯は現場に戻ってくる習性があるが、殺人事件の犯人も、自分が犯した事実がどうなっているのか知りたくなるものだ。

東電ＯＬを殺害した真犯人は、遺体発見がなかなか報道されないことに不安を感じ、いったいどうなっているのか、すぐに発見できる場所に定期入れをあえて遺棄したのではないか。

東電ＯＬとゴビンダは顔見知りの常連客であった。

一〇一号室をよく利用していた被害者とゴビンダは、割引料金にする代わりに一〇一号室をホテル代わりに借りる契約をしていたというのが私の推理だ。

東電ＯＬの恋人〝Ｘ〟

事件を追っていくうちに、東電ＯＬと愛人関係にあった男に出会った。

当時五十七歳、仮にＸと呼んでおこう。

Ｘは一九九二年十月に渋谷駅近くの大和銀行前で、東電ＯＬに「一緒に食事でもしませんか」と自ら声をかけ、それ以降一回につき二万円で愛人関係になった。

円山町からほど近い高級住宅地の一角にある古いマンションの二階が、彼の仕事場だった。

ここで経営コンサルタントとして新聞社や雑誌系出版社と付き合い、広報の仕事を請け負っていた。

愛人を持つ男という脂ぎったイメージとは裏腹の、濃紺のスーツを着て白髪を丁寧になでつけた中年男性だった。

「一人で食事するのも寂しいもんだから、僕から彼女に声をかけたんですよ。そしたら〝ホテルに行きませんか〟って向こうから誘ってきたんです」

慶應義塾大学文学部卒のXは、一九七〇年に勤務していた会社を辞め、経営コンサルタント業を始め今日に至っている。

東電OLも慶大卒、ともに経済問題に強い関心を持っていたため、二人は「二万円」の関係以上になっていた。

Xに対し、東電OLはクリスマスカードを贈ったり、確定申告用にと飲み屋の領収書をまとめて提供したりしていた。

また東京電力の調査室で得た経済情報も、コピーして提供していた。

「ホテルに入るといつも経済の話ばかりするんです。それが前戯みたいなもんでした。僕がなぜ売春するんだと尋ねたら、〝最初の男がお金をくれたから〟って話してくれました」

Xと東電OLとのセックスは濃厚だった。

Xは女房と離婚するつもりでいたので、お金だけの関係ではなく男と女として交際しようと申し出たが、あっさりと断られてしまう。

東電ＯＬは三十代後半、結婚を考えてもおかしくないのに、その気はなかった。

肉体関係を結ぶと、プラトニックな恋愛になっていくのはたいてい男のほうだ。

男は所有欲求が強く、自分の下でせつなくあえぐ女を他の男に渡したくないと思い、心をたぎらせていく。

東電ＯＬはホテルに向かう途中でいつも三本の缶ビールとおつまみを買い、そのたびにレシートをXに渡して代金を請求した。

「うちにかけてくる電話もコレクトコールでした。なんでかなと思って聞いてみると、〝だって十円がもったいないんだもん〟と言ってました」

コレクトコールとは、通話料金を着信者に負担してもらうためのサービスである。

東電ＯＬは異様なくらい金銭に執着していた。

常連客にはツケをきかせ、手帳に金額を事細かに記入していた。

Xが関係を打ち切るために彼女に連絡をとると、その日のうちに彼女は溜まったツケを受け取るために会社を抜け出して彼の仕事場を訪れたという。

Xは能弁だった。

私が質問を終えても、まだ話題を他に移してしゃべり続ける。

実は、事件被害者のヌード写真をメディアに提供したのはXだった。

仕事用のカメラを使って、ラブホテルで彼女を撮影したものだった。

親しい間柄だったせいか、東電ＯＬは微笑を浮かべて被写体になっている。

Xの主な仕事は企業のパブリシティである。雑誌に企業の活動や商品を掲載させる広報活動が彼の仕事だ。

「普段からマスコミの方にお世話になっているでしょ。だから取材に来られると断れないんだ」

仕事柄、メディアの人間と接触すると、本能的に自ら知っていることを語りたくなる。

話の終わりにかけて、Xはこんなことを語った。

「彼女に男がいないのか聞いたけど、具体的な名前は出てきませんでした。ただひとつだけ印象に残っているのは、同じ慶應大学経済学部卒の人間で、一時期東電にいた人物の名を何度か彼女の口から聞いたことがあります。彼女はとても自慢げにその人物の名を語っていました。〝あの人とわたしは知り合いなんだ〟って。僕はきっとその男と彼女が付き合っていたんじゃないかって思っていました」

総理大臣経験者の父をもつその男は、たしかに東京電力で彼女の上司であった。

彼は日本有数の閨閥《けいばつ》の一員であり、現在は超大手企業の副社長である。

実は殺された彼女が残した手帳に記載されていた十名以上の男性の名前の中に、この男の名と携帯電話の番号があったという噂がある。

彼女ははたしてこの男と交際していたのだろうか。

片方の当事者から聞けない今となっては、このもう一人の人物に聞いてみるしかない。

コンタクトをとってみたが、「会社の広報を通してくれ」の一点張りだった。

それでも何度かコンタクトするうちに、ようやく本人が電話で語ってくれた。

「彼女とは十五年間ずっと会っていないのですが、(今度の事件を知って)びっくりしたことはびっくりしました。八一年から八二年の五月まで東京電力の企画室で一緒だったことは事実ですが、僕の班ではなかったので、直接教えたことはないし、どういう能力を持った女性かもわかりません。

僕の携帯電話の番号が彼女の手帳にあったという報道もありますが、(いま勤めている)会社以外の人には番号を教えていないので、絶対そんなことはありません。十何年前にあったことを聞かれても困るんですよ。(慶應義塾大学の)後輩といったら後輩だけど、僕にとってはワン・オブ・ザ企画部の部員。特に教えたことも話しかけたこともない。いまでは思い出せないけど、同じ部なので普通に仕事の話をしたことぐらいはあったかもしれません」

事件現場のアパートはいま

二〇一四年暮れ——

私は事件から十七年ぶりに、殺害現場となった神泉駅前の古びたアパートを訪ねてみることにした。

藪下秀樹とフリーランスの編集者・杉山茂勲と三人連れだ。

夜七時、ＳＨＩＢＵＹＡ１０９で待ち合わせ、道玄坂を上がり、しばらく行った先を右に曲がる。円山町のホテル街を歩き、急な階段を降りると、神泉駅前に出る。

久しぶりに訪れるので、アパートがどこだったのか思い出せない。

十七年もたっていると、私の周りでも事件を知らない人間が多くなっている。

京王井の頭線の踏切を行ったり来たりしているうちに、見覚えのある居酒屋を発見した。

ああ、ここだ。

アパートの地下一階にある、当時からやっている居酒屋だった。

うらびれたアパートも、あのころのまま生き残っていた。

灯りの点《つ》いた一〇一号室を訪ねると、ドアごしに英語が返ってきた。

外国人の女性が住んでいる様子だった。

防犯カメラのレンズが私たちをうかがっている。

片言の英語で取材を申し込むが、ドアは閉まったままだ。

私たちは半地下の居酒屋で束の間の休息をとった。

席は満席、カウンターには店主とアルバイトの若い女性店員が入っている。

東電OL事件の現場アパート

このすぐ真上で十七年前、殺人事件があったとは思えないほど、居酒屋は常連客で埋め尽くされ、あちこちから笑い声が飛んでいる。

しばらくして私たちは出ることにした。

「あの……十数年前にこの店の上の部屋で、東京電力に勤務している女性が殺害された事件がありましたが、ご記憶でしょうか？」

私の問いかけに、店主は苦笑しながら「さあ。私はその後、継いだから。わからないです」と返ってきた。

店内には、鈴子姐さんの踊りの発表会ポスターが貼られていた。

神泉駅前の喫茶店「カフェ・ド・ラ・フォンテーヌ」の店主、弘法湯の末裔の佐藤豊も東電OLを目撃した一人だ。

「見かけたことありますよ。まさか、事件の被害者だとは思わなかったけど。背の高い、痩せた普通の人ですよ。きちっとしたスーツを着ておられましたから、別にそんなふう（たちんぼ）にも見えなかったですよ。長いカツラを被っておられて、ずいぶんスタイルのいい人だなっていう印象がありますね。様子もべつに普通で、きちっとお茶を飲んで帰られるだけでした。彼女の場合は、興味本位でどんどんどんどん、書かれてしまって。円山（町）ってキャラがそこを助長したんでしょうね。

刑事さんが来て、被害者の顔写真を見せられたのですが、店に来ていたころの格好じゃなかったからわからなかったですよ。会社で撮った写真なんでしょ、きっと。アフターファイブで洋服変わっちゃったらわからないですよね。後日刑事さんから、〝写真は二枚ある〟って言われて、〝じゃあ、これを知りませんか？〟って見せられた写真が、円山町界隈でお仕事してるときの格好の写真だったんですよ。それでわかった。これ、最初に出してくださいよって。そうしたら、もっと早くわかった。だから情報公開が遅れたんですよね。

十七年もたってますから、もしかしたら犯人も亡くなっているかもしれない。でも、警察の担当の人とも話したんですけど、やっぱり被害者の女性を冥途に送りたい、きちっと送ってあげたいっていう気持ちはあります」

〝X〟の綴った手記

たちんぼまでして二千円という破格の値段で駐車場を利用して性交していた東京電力女性管理職の心理を、私は、一九九七年六月号『月刊現代』の記事の中でこのように分析した。

〈彼女の父親は東大工学部を卒業後、東京電力に入社し工務部副部長にまで昇進する。ところが、一九七七年、彼女が十九歳のとき、その父親は癌で亡くなる。そしてこのあたりから娘は拒食症になっている。

拒食症とは本人が発する「わたしをだっこして」というシグナルである。痩せ細っていく身体は、幼児にもどり、肉親からの愛情を欲する精一杯の表現である。父を敬愛していた彼女は、父の死によって満たされない愛情を全身に感じていたのだろう。

摂食障害は言い換えればコントロール喪失の病である。コントロール喪失は拒食症だけではなく、アルコール依存症やギャンブル依存症、あるいは買い物依存症といったものにまで及ぶ。自分の意思でコントロールできなくなったために、肉体や生活までもが破壊されていく。

依存症は、幼児期から思春期の体験に大きく左右される。両親の不和であったり、父親がアルコール依存症あったり、家庭が良好な環境になかった場合、娘は思春期になるにつれて幼いころのトラウマを忘れようと、目の前にある嗜好品（酒やドラッグ、あるいは恋愛、セックス）に夢中になる。彼女たちはアダルトチルドレン（ＡＣ）と呼ばれるコントロール喪失の群れである。

では、エコノミストであった彼女はどうだったのだろうか。

彼女にとって父親は尊敬すべき対象であり、愛情を施してくれる存在であった。父が死んで彼女は途方に暮れたであろう。そして優等生で真面目で長女でもあった彼女は、父親の代わりを果たそうと必死だったに違いない。高校・大学と勤勉ぶりを一番の価値として生きてきた彼女は、父親と同じ会社に入ることでその目的をある程度果たすことができた。

しかし彼女はおんなである。みずからの性を抑圧して生きてきた彼女にとって、おんなであることを発揮する場面は極端に少なかった。

コントロール喪失はときに違った世界に飛び火する。十円の電話代を倹約し、ダンピングまでして客をとろうとした彼女は、金銭依存症、つまり金を稼ぐこと、その行為自体に生き甲斐を見いだしていったのではないか。

コントロール喪失はときにセックスにまで及ぶ。女を武器に稼ぐことを知った彼女にとって、たちんぼは金銭依存症とセックス依存症を満たす残された道ではなかっただろうか。〉

講談社本館──

私が執筆したときの担当編集者だった吉田仁元・『月刊現代』副編集長（当時）と久しぶりの再会だった。

「この原稿、憶えてますよ。『月刊現代』時代は、姜誠《カンソン》さんが書いた新井将敬の原稿と、本橋さんのこの原稿が記憶に残ってるから」

吉田元副編集長は『週刊現代』、『ＦＲＩＤＡＹ』、『月刊現代』とジャーナリズムの最前線で活躍してきた辣腕編集者であり、現在、講談社法務部部長という要職に就いている。

東電ＯＬの原稿を書く際には、愛人関係にあったＸの仕事場まで一緒に訪問したこともある。

そして、私の書いた原稿が載った翌月号には、Ｘ自身による手記〈百回もの密会を重ねた〝恋人〟が初めて書いた懺悔と怒りの手記　私と東電ＯＬ　交際の真実〉という記事が掲載された。

Xに手記を書かせたのも、吉田仁元副編集長だった。

手記にはこう綴られている。

〈待ち合わせ場所はいつも、SHIBUYA109の前と決まっていました。それから円山町のホテル街に向かうわけですが、この時彼女は必ず濃いブルーのアイラインを入れていました。一度、わざわざトイレに行ってアイラインを直すため十五分ほど待たされたこともあります。彼女にしてみれば、昼間のOLの顔から夜の顔に変身するため、いわば夜のモードに切り替えるための儀式みたいなものだったのでしょう。

儀式といえば、セックスの前には必ず缶ビールを三本——ラージ缶一本とレギュラー缶二本を飲むのもそうだったのかもしれません。（中略）そんなふうにして「一回二万円」の交際が続くうち、彼女の経歴や身分を知って、私は驚きました。彼女は慶應義塾大学経済学部を卒業し、東京電力の企画部経済調査室副長をつとめるエリートだったからです。

会社での業務は、専門の「経済数学」を生かし、「経済企画庁の景気見通しの分析」や「電力七社の業績分析」といった調査・分析を行うものでした。同じ慶應でも文学部出身の私には、とうてい理解できないレベルのものもありました。〉

手記には、Xの誕生日にクリスチャン・ディオールのハンカチを同封した封筒が届いたことも書かれている。

「あなたにお会いして早くも四カ月がたちました。今後もよろしく」

という手紙を読んだXは感激し、一時期は本気で彼女と再婚を考えていたという。

男は恋をすると純情になる。

東電OLには他に複数の愛人がいたり、たちんぼをしていることをXは知らなかった。

一九九三年後半のある日、彼女のハンドバッグの中に十種類くらいのコンドームを見てしまう。ラブホテルから持ち帰ったものだろうとXは想像し、彼女が複数の愛人と肉体関係があるのではと疑念を抱き、激しく嫉妬する。

いつものように円山町のラブホテルで二時間過ごし、彼女を神泉駅まで見送ったXは空腹を感じ、ラーメン屋に入る。

十五分ほどで出てくると、井の頭線に乗って帰ったはずの彼女が、円山町のホテル街をうろうろしているではないか。

彼女に男の影を感じたXは、しばらく追跡した。

すると、年配の男と腕を組んで向こうから歩いてくる。

Xが声をかけると、彼女はばつの悪そうな顔で、「お酒が飲みたくなって、一緒に飲んでくれる相手を探していたの」と言い訳をした。

被害者が帰宅時によく利用した京王井の頭線神泉駅

東電ＯＬと関係が切れたのは、一九九四年九月のことだった。

手記の最後はこんな文章だ。

〈今は、もう少し先のことを考えて取材など一切受けず、写真もどこへも出さなければよかったと、自分の軽率さを悔やむばかりです。とりわけ彼女のお母さんには、本当にすまないことをしたと思っています。

せめてもの償いとして、彼女のお墓参りをしたいとも思うのですが、お墓はどこかと聞くわけにもいきません。今はただ、彼女のご冥福をお祈りするばかりです。〉

幾多の凶悪事件を取材してきた吉田仁元副編集長にとっても、Ｘの仕事場を訪問したときの陰鬱な気分は忘れられないと言う。

暗い部屋と、何かに吸いつかれていくような体感がした。

Ｘの東電ＯＬに対する感情を、吉田仁元副編集長はこう分析する。

「彼は結局、恋愛にしたかったんだよね。要するにこの手記の趣旨は、二人の関係は売春ではない、自分は彼女を買ってたんだけど、自分の中では恋愛だったって言いたかったのね。

彼女は売春婦かもしれないけれど、彼と彼女の関係は金をやり取りしていたけど、自分なりに彼女のことを愛して、愛おしく思っていた。自分の仲間だし恋人であるというスタンスをずっと言っていた」

消えた〝X〟

Xの仕事場の電話と携帯電話に何度もかけてみたが、不通になっていた。

Xからもらった名刺を頼りに、彼の仕事場を十七年ぶりに訪れることにした。

山手通りを少し入った高級住宅街の一角に古びたマンションがある。

階段を上がった二階の奥は、かすかに記憶がある。

予想したように、Xの事務所はすでに無かった。

隣の部屋を訪ねてみて消息をつかもうとしたが、両隣も留守だった。

外に出ると、眼光鋭い警察官が角ごとに立っている。

ここは政府要人の私邸がある土地でもあった。

Xはどうしているのだろう。

一九四〇年生まれというから、いま七十四歳。

すでに地上から姿を消してしまったのだろうか。

私は東電OLのヌード写真の存在を報じた『週刊大衆』の元幹部に、Xの消息を尋ねてみた。

元幹部は、あの事件発生前からXと仕事で親しく付き合っていて、Xのプライベートについても既知の間柄だった。

「Xさんは自分の名前を冠して、X経済研究所っていう会社をつくっていたんですね。そもそもXさんは経済評論をしていたんです。もしかしたらそのときに東電OLと知り合ったのかもしれない。経済評論の職場で知り合った可能性もありますね。行きずりで一度や二度会った関係ではなく相当数会っていたんじゃないかな」

元幹部の話は意外な展開となった。

「事件が起きる前、Xさんと東電OLが付き合っていることは知っていました。Xさんの会話の中で、東京電力に勤めていて話ができる女性と付き合っているんだと聞いてましたから。Xさんがまだ生きているのかどうか、わからないなあ。Xさんとは僕が退職してから会っていないです」

『週刊大衆』が他誌をリードして被害者の写真や私的な事情をスクープしたのも、事件以前からXと親しい関係にあったからだ。

東電OLを愛したもう一人の男

気になる記事を見つけた。

作家・松田美智子が『週刊新潮』二〇〇七年三月二十二日号に発表した〈特別読物　「東電OL事件」から10年を迎えた「円山町」〉という記事に、こんな記述がある。

〈「僕がもっといいホテルに行こうと誘っても『どこも同じだから』と言って、最低限の料金で済む所しか選びませんでした」

そう話してくれたのは、彼女の客の1人だった大学教授だ。〉

「彼女」とは東電OLのことであり、大学教授とは東電OLと愛人関係にあった男だ。

〈付き合い始めて3年目の冬、教授は彼女からクリスマスカードを受け取った。

『いろいろな事件が世間一般と身の回りの両面で多かった1996年もわずか数日となり、お付き合いを始めてから3回目のクリスマスがやってまいりました。歳月の流れの速さを例年のことながら驚きを持って感じつつ、2人で過ごした大切な時間のひとコマひとコマを思い出しております』〉

〈「僕がなによりひかれたのは彼女のクレバーさ、上品さ、気持ちのよさです」〉

〈「叶うことなら、彼女のお骨の前で懺悔したい。ご家族にもお詫びしたい」〉

これらの記述を読んで、私は〝教授〟があのXではないかと思った。

Xは東電OLから贈られたメッセージカードを嬉しく思い、セックスだけでなく知的な会話が交わせることに悦びを感じ、彼女の死後は墓参りを熱望していた。

Xは東電OLのヌード写真をメディアに提供したことを悔い、騒動が沈静化してからメディアに再度出るときは、身元をカモフラージュしたのかもしれない。

私は松田美智子に会い、〝教授〟とは何者なのか訊いてみた。

「わたしが『uno!』に書いた東電OL事件の記事を読んで、〝お話しします〟と編集部に名指しで手紙がきたんです」

『uno!』とは『週刊文春』の編集長だった花田紀凱が文藝春秋を退社後、朝日新聞社に移籍し立ち上げた月刊誌であった。

松田美智子によるレポートは、〈円山町殺人事件　東電OL、39年の孤独〉というタイトルで一九九七年六月号に掲載されている。

「それで真偽のほどはさだかではないけど、会ってみようということで会ったら、〝実は私は某大学に勤務している〟ということだったんです。本橋さんの言うXさんとは全然別人です。大学教授として取材を受けているし、在籍しているのは確認してますから」

〝教授〟は、国公立大に勤務する社会科学系の研究者だった。

「教授は自分から渋谷警察署に出頭してるんですよ。〝私は彼女を知っている〟と言って、刑事といろいろ話しているんですよ。〝マスコミが報道している彼女のイメージは実物とは違うから誰かに話したかった。自分しか知らないだろうからわたしにお話しする〟ということだったんです」

大学教授自ら名乗り出て、東電ＯＬへのレクイエムとして松田美智子にすべてを語った記事は、〈独占スクープ！　円山町殺人事件　ある大学教授の告白。「彼女への愛」〉と題して同誌一九九七年八月号に掲載された。

Ｘと〝教授〟は別人だった。

しかし、東電ＯＬとの付き合い方は瓜二つ、デジャヴのようだ。

「東電ＯＬは、教授とＸさんとやってることがまったく同じなんですね」

「そうですね」

「松田さんが会われて、教授はどんな印象でしたか？」

「容姿や物腰には特徴がなく、大学教授という自己紹介がなければ、普通のご老人という印象でした。道玄坂で食事したときに、彼女に声をかけられたとおっしゃってました。彼女から声をかけられたとき、最初は戸惑ったけれど、興味を覚えたんでしょうね。しいて言えば、体格は小柄で、どちらかと言えば痩せ型。言葉遣いの丁寧な方でした」

「Ｘさんの雰囲気も、まったく同じでした」

「そうですか。彼女はお父さんコンプレックスで、お父さんが大好きだった。だから年配の男性がいいんですね。愛人は他にもいたんでしょうけど、名乗り出ない人のほうが多いんですね。彼女は誰に対しても同じことをやっているんですよ。経済ニュースとか得意分野であれば資料を集めて渡し、クリスマスが近づけばカードを贈る。同じカードに同じ文句を書くんですけど、もらった人は自分がいちばん親しいと思っちゃうわけですよね。教授もそう思っていた」

「みんなに同じことをしてる」

「彼女にとっては客ですからね」

〝教授〟は数年前に亡くなったという。

昼は四万人いる東京電力社員のピラミッドの限りなく上位にいた彼女が、夜になると円山町の駐車場で数千円で体を売っていたことの心理を、女性として、ジャーナリストとしてどう分析するか尋ねてみた。

「いろんな要素が絡んでいると思うんです。彼女自身は社会的にいえば東京電力という大きな会社に勤めているんですけど、自分がなにをやってもお父さんみたいに偉くなれない。仕事的にはそこで詰まってしまった。

家庭ではお母さんとあまりうまくいってない。むしろ仲良くない。家に帰るのが楽しくない。大好きなお父さんはなくなっちゃってるし。家にあまり帰りたくなかった。彼女にとって売春は悲惨な行為ではなく、帰宅するまでの時間をお金に換えることだった。それにどうしても、男の人をお父さんに重ねていたから、年配の人に声をかけていたんでしょうね。求めていたのは男性のぬくもりなんでしょうか」
そして彼女が円山町を選んだ理由をこう語った。
「なんで円山町だったのかと考えたんですけど、自宅が京王井の頭線で、帰るときすごく便利なんですね。神泉駅がすぐ近くだからすぐ乗れて、乗り換えなしで終電でも帰れる。会社の定期が使えるし、効率がいい。通勤圏内の沿線だったから、彼女にとっては円山町自体にそんなに抵抗がない、むしろ親しみがあったんじゃないですか」

それぞれの東電OL

男が同じ女と性的関係を継続するというのは、肉体面だけではなく精神面でも好意を感じていることに他ならない。

Xや大学教授からあれだけ好意を抱かれた三十九歳の東電OLは、ある意味、幸福だったかもしれない。

私は女性たちに、東電OLの心理についてどう解釈するのか尋ねてみた。

上京した早朝、渋谷スクランブル交差点の静けさが印象に残っていると打ち明け、いまは二児の母となった三十三歳女性——

「どうしてもお金が欲しかったんじゃない？　エリートでお給料高くても、お金は必要だから」

円山町の飲食店で働く女将さん――

「東電ＯＬ事件？　あぁ、はいはいはい。あのアパート、まだ残ってますよね。あれ、もう何十年前？　え、十七年前？　そんなもんですか？　うちでも、たまにお客様の話題になりますけど。真犯人見つからず、冤罪みたくなっちゃいましたでしょ？　あれはもう迷宮入りじゃないんですか」

「乳パラダイス」なお――

「東電ＯＬ事件って、名前は聞いたことがあったけど。全然中身は知らなかったです。今いないですよね、たちんぼさんっていうのは」

「乳パラダイス」りの――

「東電ＯＬ事件？　わかんない。十七年前って、小学生ですからね。何でたちんぼやってたんですか？　そういう事件、興味があるんです。読んでみよう」

「ちゃんこ」ゆうほ――

「わたし、多分ニュースとかで見たかも。昔話題になりましたよね」

円山町のラブホテルで不倫したことのある三十代後半の元女性会社経営者――

「知ってます。あの人はかわいそうな女性だと思います。気持ちがわかります。いくらお金稼いで男の人と渡り合って頑張っていても、女に帰りたいときがありますから。だからお金だけではない。

マツコ・デラックスがニュースで言ってました。〝日本の男女平等はおかしい。男社会に適応した女が認められているだけだ〟って。〝安倍政権の大臣になった女性は、スカートはいた男じゃないの〟って。わたしもそう思う。女らしく生きても社会で認められる世の中ではない。大きな会社になればなるほど、キャリアになったら女を捨てないといけないいんですよ」

東電OLは七年近く、昼の顔とは別に、風俗業界に身を置く生活をしてきた。

頭脳明晰な彼女は風俗業界のルール、タブーを熟知しているはずだった。ところが、地回りのヤクザを無視し、ホテル街を行き交う客を強引に引き込み、ホテルから出入り禁止をくらうことまでしていた。フリーランスのたちんぼが、ここまで奔放な振る舞いをしていたら、安寧でいられるはずもない。

アクセルを吹かしたらエンジンが高回転のまま止まらなくなり、壁に激突したかのような終わり方だった。

人間は様々な顔を持っている。

親、兄弟、恋人、夫婦、同僚でも知らない顔を持っている。人間の心は重層的なこころを持っているので、一人の人間の中には様々な精神状態が内包されている。

精神分析は人間の隠された内面を浮き上がらせるために、ロールシャッハ・テストが用いられる。左右対称の図版を見て何に見えるか、被験者は答えていく。同じ図版でも見方によって蝶であったり鳥であったり、人間であったり、様々な答えがある。

一人の人物も見方を変えれば、様々な姿が浮き上がってくる。まるでロールシャッハの図版のように。

円山町の事件現場を十七年ぶりに訪れた。

仕事を終えた東電ＯＬは、いつも京王井の頭線神泉駅から零時五十分の最終電車で、杉並区西永福の自宅に帰っていった。

最期のときを迎えたアパートから駅までの距離は、十メートルほどしかない。

彼女が何度も聞いたであろう神泉駅に停車する車両の乾いた音が、真冬の夜空にのんびりと蒸発していった。

道玄坂下にそびえるSHIBUYA109

第六章　密会場所に向かう女たち

来月花嫁になる女

過去十年間の取材の中で、円山町のラブホテル街を利用したことのある女性を探し出してみた。都内最大規模のラブホテル街だけあって、労せずして見つかった。

未発表のデータ原稿もあれば、これまでに『週刊現代』『FRIDAY』『週刊大衆』『アサヒ芸能』に寄稿してきたものもある。

この章では、円山町のラブホテルを利用したことがある五人の女性たちをピックアップしてみた。

独身もいれば人妻もいる。

彼女たちはどんな人生を歩んで今に至り、円山町のラブホテルは彼女たちにどう映ったのだろうか。

「来月結婚する女友達がいるの。もう好き勝手できないから、いまのうちに過去を懺悔《ざんげ》したら？　って言ったら、『そうします』だって。すごいきれいな女性。会ってみない？」

知り合いの奥さんからこんなことを打ち明けられた。断る理由もない。

新宿のシティホテル。

私はダブルルームをとり、当人の登場を待っていた。

どんな女性が来るのか、胸がときめく時間だ。

スケベチャイム。

ドアを開けると、すらりとした女が微笑んでいた。

手入れの行き届いた髪、男好きする切れ長の双眸《そうぼう》とアヒル口。三十二歳、際立つのは凛とした姿勢の良さだ。美人は冷たい感じが時にするものだが、登場した女性は人なつっこい笑顔のままだ。

女友達から呼ばれている愛称で、ここでは奈月《なつき》と呼ぼう。

「その美貌では、独身時代、モテたことでしょう」

「えー（考え込む）。恋人は途切れたこと無いですけど……」

「自信に満ちあふれてますよ」

「そう見えます？　自己評価が低いんです。幼いころ親から誉められなかったせいか」

森鷗外作『ヰタ・セクスアリス』はラテン語のタイトルであり、意味は〝性欲的生活〟。人間の性的原点の意味でも使われる。主人公の性的体験の哲学的考察が描かれた名作中の名作だ。

奈月さんのヰタ・セクスアリスは――

「小学二年生のとき、おじいちゃんとおばあちゃんがセックスしてるの見ちゃった。子どもながら気を遣ってちゃんと逆側向いていていました。薄目開けて見たけど。おばあちゃん、雄叫びあげていました。楽しそうだった。でも見たくないよねぇ。小学二年生でも本能的にわかるのね。自分もきっとエッチするんだろうけど、なんでこんなことするんだろう。気持ちいいのかな。大人になるの嫌だなと思った」

私のヰタ・セクスアリスは、小学一、二年生のころだった。

私の生まれは埼玉県所沢である。近くを流れる柳瀬川で友達と遊んでいたら、対岸の東京都東村山の高学年男子たちがしきりに囃《はや》し立てている。棒の先にピンク色の半透明ゴム袋みたいなものを掲《かか》げているではないか。よく見るとゴム袋の中にカニの泡みたいなものが溜まっている。

男子たちは大はしゃぎだが、私たち所沢の男子は意味がわからなかった。何か秘密めいたことが暴かれてはしゃいでいるのだろうとは思ったが。

大人が行為をおこなった後始末の残骸だったと気づいたのは、ずっと後になってからだ。そのとき、奈月のように性に対する汚《けが》らわしさを抱いたものだった。

東急田園都市線沿線に住む奈月は、高校生のころからよく友達と渋谷をそぞろ歩いていた。

「ルーズソックスで制服スカート丈短いスタイルで渋谷を歩くと、あちこちから声かけられるの。パンツ売っていた。三万円で。真面目そうなサラリーマンが替えパンツを持って、〝脱ぎたてのパンツ売ってください〟って声かけてくるの。染みつきだと四万円。友達と二人で売りました。自分の脱ぎパンツを男に渡すと気持ち悪いから、男が持ってきた替えパンツを駅のトイレで履き替えたふりをして、いかにも脱いだパンツだと思わせて渡すの。便器の水をちょっとつけといて。女子高生の脱ぎパンだと思いこんで、男の人はそのままダッシュで逃げる」

もっと刺激が欲しくて、こんなバイトまでやった。

「友達がストリップ劇場でアルバイトで踊り子になったの。高校生ストリッパー！　一日五万円！　表立っては女子高生だって謳っていないけど、劇場の関係者もお客さんも女子高生ストリップだって知ってるの。勢いでわたしも出ました。アハハ。御開帳もやった」

いざ御開帳になると、殺気だった中年男たちが押し寄せ陰部をのぞきこむ。

奈月は視姦されているうちに体が熱くなってきた。

「人気がありすぎたせいで、警察が動いて劇場の人が逮捕されたけど、わたしたちはうまくスルーできました」

家政科短大を卒業後、しばらくOL生活を送っていたが、スカウトされてアフター5は銀座のクラブでホステスになった
「お客さんは社長が多かった。〝きみは真面目なのか不真面目なのかわからない〟って言われて、どっちもありますって答えたり、〝頭がいいのか悪いのかわからない〟って言われたから、どっちかというと悪いですって言ったら、〝正直でよろしい〟って気に入られて〝うちの会社の秘書になってくれない？〟って、不動産社長から誘われたのね。いいですよって、転職した。

行ってみたら赤坂にある競売物件関係の会社だったの。競売にかけられてる物件を押さえて事務所を置くの。〝たまにマル暴の刑事が来るから、そのときお茶でも出してくれたらいいから〟っていう楽な仕事」

「それって、占有屋っていう危ない業者ですよ」

「あ、そうなの？」

「背中に錦鯉か般若の絵がありませんでした？」

「無かったけど……真珠が……。でもよくない。グロテスク。男の人の自己満足でしかない」

浮気相手が残したモノ

占有屋以外にも、社長族は奈月を自分の愛人にしようと攻勢をかけた。

「おじさんっぽい六十歳くらいの建設会社の会長さんがいたの。着メロが自分の歌ってる演歌でちょっと引いたけど。〝僕はヤキモチ焼きだから、他の男と会うのが自分の耳に入ったら絶対許せない〟って言うの。〝その代わり僕のカードをきみに渡すから、なんでも使っていいよ〟って言うんだけど、もっと自由な人がいいから断った」

別の建設会社社長も奈月にアタックしてきた。付き合っている恋人がいたのだが、社長が「昨日、彼氏と会ったんじゃない？」と尋ねてきたり、「ディズニーランド、楽しかった？」と水を向けてくる。

「おかしいなあ。なんでわたしが彼氏と会ってるの知ってるんだろうって、ずっと疑問だったのね。ふと気づいたの。わたしがお風呂に入ってるすきにわたしの携帯をチェックしてたんじゃないかって。恐くなって別れた」

ある不動産会社社長は「知り合いの政治家と合コンしよう」と奈月と友達を誘った。酒に酔った勢いで、奈月と友だちは若手政治家に導かれ、ホテルで3Pを体験した。最近になって、その若手政治家が政権中枢のスタッフになってテレビにちらちら映っているのを発見した。

また政治家つながりで、元政府与党で常に金の噂が絶えなかった政治家の別宅に招かれたときには、金庫から三千万円の札束をちらつかされて「俺のオンナになる気はないのか?」と耳打ちされた。

「お金目当てだと思われたくないから、断った」

年配の社長や会長は、渋谷円山町の檜《ひのき》風呂のある和風ラブホテル「和幸」をよく使った。和室で落ち着くのだろう。

「八十歳のおじいさん会長、機械工場やってきた叩き上げなんだけど、もうおじいちゃんだから、キスは無理って思った。でも〝月契約でいくらでも払ってあげる〟って言うから、ちょっと様子見しようと思ったの」

奈月が言う様子見とは、キスが我慢できるかどうかだった。

「みんなそういうのあると思う。キス、我慢できるか。ああ、この人とホテルに来ちゃったって思っても、キスまでなら我慢できると思えば、なんとかなるもんです。自分の生活を支えてくれる人だから」

さんざんスポンサーたちを渡り歩いてきたが、それにも疲れ、大手広告代理店のサラリーマンと結婚を前提に付き合い始めた。

「かっこいいし優しいし仕事もできる人なんだけど、話が噛み合わないの。目の前にある食べ物を、おいしいね、そうだねって言い合えるけど、それ以外の話がすぐ終わっちゃう。話を盛り上げないの。価値観が違うのかなって思い始めた。三カ月くらいで、なんか違うなと思った。でも同棲しちゃってるから、我慢して付き合ったけど」

二枚目にだって弱点がある。しかし、しばしばそれは致命的になる。女はいつだって楽しい会話を味わいたいのだ。

奈月は浮気をした。相手は同じ広告業界で働く遊び人だった。

「付き合う気はないけど、わたしのお部屋でセックスしたの。翌日、恋人がやってきて、前戯であそこに指入れました。しばらく指で探ってるじゃないですか。彼が、〝あれ?〟って小声で言うの。何か入ってたらしくて……」

浮気相手が残したコンドームだった。

「やってる最中に抜けたのかな? ううん、違うと思う。わたしの彼氏を間接的に知ってる人だったから、嫌がらせで残したんだと思う。女のあそこって鈍感だから、気がつかない」

「引き抜いたとき恋人はどんな反応をしましたか？」

「それを見た瞬間に彼の中にバーッと火が燃え上がって、エッチが激しくなった。何にも言わずに、獰猛《どうもう》になって……。えー、なに興奮してるんだろう。なんで怒らないんだろう？って不思議だった。思い切り彼の中で盛り上がっていたから」

「恋人は、寝取られたことに言いしれぬ嫉妬と同時に興奮してたんです」

「いまならそう思うけど、まだ男心を知らなかったから」

男たちに撮られた動画

奈月のほうから恋人に別れを告げた。

「わたしって束縛されるのが嫌いなの。付き合うでしょ。そうするとみんな、結婚の話をしだすのね。〝結婚〟って言葉を聞くと、わたしの中でシューンってなっちゃう」

「そういうあなたが結婚することになったんだから、近い未来のダンナさんにとても興味が湧きます」

「高校の数学教師です。友だちの紹介で知り合って、去年から付き合いだした。うちの親がすごく気に入ってるの。〝早く結婚しちゃいなさい〟って。地方公務員は安定してるし、いい奴なの。わたしがこんなに遊んできたとは思っていないし。今日は独身時代の思い出を消去する

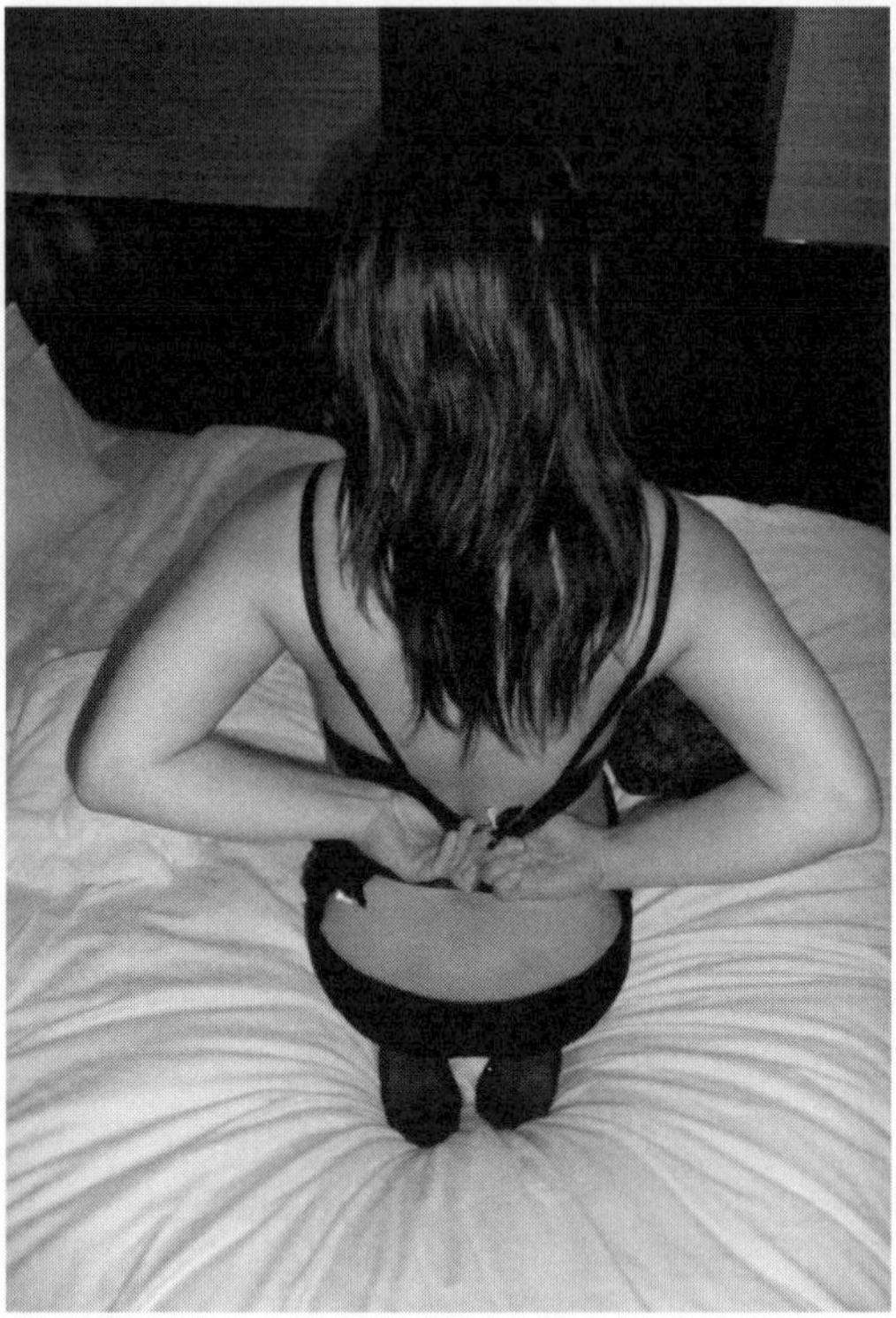

来月結婚を迎える奈月

ことにしたの。しゃべったら、ものすごく落ち着きました」

来月ウエディングドレスを着る奈月は、ポーチの中からUSBメモリーを取り出した。

「これにハサミを入れれば、わたしの過去とは一切関係が無くなります」

「恋人たちとの何かが写ってるんですね？」

「わかります？」

男に撮られた動画はいくつもあり、そのなかのひとつは、円山町のラブホテルだった。

動画を再生してもらった。

「ここは駅から離れているんで、地位のある人がよく使いたがるの」

「あなたを抱いた男たちは、子猫のような反応を示すあなたを絶対手放したくないと思うわけですね」

「えー、そうなのかな」

「こんな映像を撮らせていたあなたは……耳を貸してください」

「はい（耳を近づける）」

「汚れたオンナ」

「ひどーい」

「また耳を貸して」

「今度は何？」

「最低」

「ひどーい……。でもそうやって言われると、感じる」

男たちを夢中にさせてきた女の体がどんなものか、脱いでもらうことになった。

「えー、脱がないとダメ？」

「はい」

来月花嫁になる女は、服を脱ぎ下着姿になった。貴婦人のように気品に満ちたラインだ。

「それも取って」

「はい」

女は抵抗をあきらめ、素直に下着姿になった。

私はあらためて女の業の深さに軽いめまいがした。

結婚七年目のＰＴＡ副会長

「わたしみたいに高校生のときから（渋谷）センター街で遊んでいると、円山町のラブホテルは使いやすいっていうか、親しみがあるんですよ」

遊んでいるときには〝百合恵《ゆりえ》〟と呼ばせたので、ここでも百合恵と呼ぼう。

現在千葉県浦安市在住、三十歳、結婚七年目。子どもが二人いる。

夫は同じ会社の上司で、ギャルの残り香を漂わせる百合恵に対して、夫は真面目一筋、仕事一筋だ。

彼女は学校では、ＰＴＡ副会長まで務めている。

渋谷のギャルがそのままママになったような風体である。

あの少女たちはどこへ消えたのだろう？

金色の髪、焼けた肌、短い制服スカート、ルーズソックス。放課後、渋谷センター街にどこからともなく蝟集《いしゅう》したギャルと呼ばれた女子高生たちだ。

彼女たちの中には、テレクラ、伝言ダイヤル、出会い系サイトで中年男性と出会い、援助交際《エンコー》と称する金銭を媒介にした性交渉をおこない、シャネルやヴィトンのバッグを買う資金に充てた少女たちもいた。

裕福な先進国の日本で、女子高生たちがカラダを売る行為に、世間の大人たちは眉をひそめた。もっともギャルを非難する政治家、大学教授だって銀座ホステスと援助交際してたりするのだから、天に唾吐くようなものだったのだが……。

「何年ぶりかしらー。面白いネタ？　あるある。かなりある」

渋谷センター街で、放課後の高校生活を送ってきたあのときのギャル・百合恵は一九九六年、安室奈美恵を崇拝するアムラーが大量に出現したとき、中学三年生だった。

高校は都内のある私立女子高。

私が出会ったのもそのころで、ある男性誌のカメラマンが街の女子高生を撮影したときに、付いていって知り合った。まだ携帯電話がアンテナを伸ばす形式のころで、百合恵たちのケータイへの偏愛ぶりを取材した記憶がある。

「パパ（愛人）は三人いるの。センター街歩いてると、一時間で十人以上声かけられる。〝遊ぼう〟って。そう、援交目的。スーツ着たサラリーマンが多いの。真面目そうよ、みんな。え、こんな人が？　って。

すれ違いざまにお財布の中見せたり、指で金額を示すの。だいたい三本から五本。いままで一番もらったのは、渋谷の豪邸で一人暮らししてるっていうおじさん。友達と遊びに行ったら、〝女子高生と3Pするのが趣味なんだ〟って言うの。人材派遣会社やって大儲けしたとか言ってたよ。うん、そのときは友達とふたりで二十（万）もらった」

「金銭感覚が麻痺しない？」

「そうなんだよねえ。でもこういうのは一時期しかないと思ってるから。うん、高校卒業したら、真面目にOLするよ」

あれから十三年。

ルーズソックスのよく似合った高校三年生は、いま何をしているのか。忘れかけていたメールアドレスに送信してみた。

すると――

奇跡が起きた（大げさか）。なんと本人から返信が来たのだ。

「お久しぶりですー。わたし、二十二歳で結婚したんですよ。いまでは小学生の男児と女児のママです。PTA役員もしてまーす。お話、したいしたい！　ダンナにも言えないこと、胸に溜めてるとカラダによくないし」

デパート主任と寿司職人

「普段もギャルのスタイル崩したくないから、ちゃんとするときはする！　アルバイトは眉毛カットのモデルと今年から始めたパン屋さんの店員。時給八百五十円。偉いでしょ」

十三年という歳月は、ギャルだった百合恵に人妻の上品な色気を身に付けさせていた。SHIBUYA109で買った丈の短いスカートやピタピタTシャツは卒業し、セシルマクビーのようなシックな服を着るようになった。

「ダンナとは、わたしがデパートの化粧品売り場で働いていたとき結婚したのね。そのころ、二人と付き合ってたのよ。一人はデパートの売り場主任で、大卒の出世頭。三十ちょっとかな。もう一人は寿司職人で、わたしより二個下。まだ修行中だったから、お給料も安いの。マジ安いよ、手取り十万いくかいかないかだもん。

それで迷ったの。主任さんと結婚しようか、どうしようか。わたし、親元離れて一人暮らししてたから、休みの日には主任さんがアパートに泊まりに来てたのね。寿司職人は後から付き合った人だから、まだアパートには呼んでなかったの」

人妻・百合恵

「それでどちらを選んだんですか？」

「どっちだと思う？　わたしはもう主任さんを親に紹介してたし、自分でも結婚するもんだって思ってたんだけど、うちでテレビ見るでしょ。主任さんは物知りだから、なんでも解説してくれるのよ。W杯中継なら、サッカーの歴史から始まって、なんでイギリス代表ではなくてイングランド代表なのかって」

「イングランド、スコットランド、ウェールズ、あと……北アイルランドが単独でＦＩＦＡに加盟してるんだっけ？　ＦＩＦＡが出来る前からサッカーやってるから、それぞれの地方で加盟してたとか……」

「そう。あとは、〝キムタクが着ていた服がいい〟と誉《ほ》めると、主任さんがまた生地の説明を始めるの」

「なるほど」

「最初のうちは、物知りで頼もしいなあって思ったけど、だんだんウザくなってくるのね。ああ、また始まったって」

「わかります。インテリの陥る罠なんです。女の子は博識で尊敬の念を持つけど、そのうち、あんたの意見はどうなの？　って不満を持ち始める。インテリ男は解説者になりがち」

「そう！」

「解説者になるんじゃなくて、たまには松木安太郎になれ」

「アハハハ！　当たってる！」

「寿司職人は、いつもテレビ見て、感動してた？」

「うん。マジすっげえ！　とか、そんなのばかりだけど」

二人は結婚した。

二十二歳と二十歳。晩婚化が問題になる現代では、若い夫婦の誕生だった。

「彼も必死になって働いて、彼のご両親が住んでるおうちの近くに一戸建てを建てたのね。三十年ローンだよ。子どもが小学校に上がって手がかからなくなったんで、わたしもパン屋さんで働くようになったのね」

「そんなに色っぽい奥さんだから、お客さんから誘われるでしょう？」

「そうなの。でも、お客より、店長が危ない」

妻子持ちの店長は、ギャルの香りをどこかに残す百合恵にちょっかいを出してきた。

「わたしもタイプだったのよ。ひょろっとして優しそうで、うちのダンナもそうなんだけど、でもダンナとは倦怠期だったから。ま、誘われて、ちょっとだけならいいかなって」

初めての逢い引きは、店の裏手にある駐車場だった。

先にアルバイトを終わらせた百合恵は店長の指示で車の中で待機していた。仕事を終えた店長は人目を気にしながら、車に乗り込み、助手席で待っていた百合恵を抱きしめ、唇を重ねた。最初は少し抵抗していた百合恵も店長からの濃厚なキスをつい受け入れてしまう。

舌が浸入する。百合恵は舌でからめとった。店長から流し込まれる唾液を飲み干す。興奮しきった店長は、百合恵を押し倒した。

「ここじゃ、嫌」

「わかった」

車は一路インターチェンジ近くのラブホテルへ。

「わたしも高校時代は援交してたけど、まさか結婚してダンナ以外の男と寝るなんて想像もしてなかったのね」

「ご主人以外のモノが入ってくる瞬間、あなた、許して、と思いましたか？」

「さすがにそのときは思った。ああ、ついにやってしまったって。でもタイプだったし」

「そういう問題じゃない」

「ごめんなさい」

「その後も付き合った？」

「こっちも好きになっちゃった。向こうも夢中になってたよ。〝百合恵はキスからして違う〟って。わたし、キスから本気モード出すし、男の人が悦ぶ顔見るのが大好きなの。カラダ中、キスしてあげるの」

「そりゃ悦ぶでしょう」

「うん。でもね、店長さん、奥さんに浮気が見つかって、別れることになったのね。それからね、忘れかけていたギャルの血が騒いで、遊ぶようになったのは」

男を夢中にさせる極意

出会い系サイトに登録すると、たちまち男たちが殺到、週に二人と会うようになった。

逢瀬は勝手知ったる渋谷円山町のラブホテルだ。

「わたし、ＰＴＡ役員やってるから、学校で保護者会の準備したりして、その後で待ち合わせの場所に向かうのね。地元で三代続いてるスーパーの社長さんが、わたしに夢中になって、もういいかげん重たくなったから、切ろうとしたの。わたしがお金かかる女だってわかれば、もう追ってこないだろうって、滅茶苦茶、お金使わせたのね。子どもの林間学校代金だとか、犬の去勢手術代とか、車検代とか、カード返済不足代とか、息子の合宿代とか。あることないこと言って、もう懲りてわたしに寄ってこないだろうって思ったけど、逆でした」

「百合恵さんのどこがいいって言ってるんですか？」

「えー、どのへんだろう。エッチした後、また癒してくれる？　って言ってくれるよ。〝百合恵は他の女と違ってちゃんと向き合って、エッチを楽しんでくれるからいいんだ〟って。他の子は、我慢してエッチしてる感が強いみたい。若い子はしょうがないかもね。人妻ならではの優しさかな」

百合恵に夢中になった男たちはまだいた。百合恵のケータイを覗かせてもらうと、あるわあるわ、男どもから送られてきたメールの山。
〈きみのことを一夜たりとも忘れたことがない〉（スポーツジムのトレーナー・四十代）
〈大好きだから、いつも家に帰る百合恵ちゃんを見送るのがとても苦しいです。ご主人と別れて僕と一緒になって。お願いだ！〉（隣町の開業医・三十代）
〈ご主人に疑われながら、私にお休みメールをくれる百合恵に、正直言って、嬉しくないわけがありません。きみのことを思うと飯も喉を通らないよ〉（大手自動車会社支社長・四十代）

百合恵のケータイには、ベッドでの熱い一戦を交えたときの悩ましい姿がいくつも保存されている。

情事を終えてうっとりして大股を開き、夫以外の男が残したモノがあふれてくる姿。喉の奥まで頬ばり奉仕している姿。右手で擦り上げ、男の口に舌を這わせる姿。口の中で男が放った直後、口から溢れさせる姿。上に乗って男を暴発させようとグラインドする姿。

どの写真も男は受け身、百合恵の頑張りぶりが印象的だ。

「最初はわたしも健気《けなげ》な奥さんを演じてるのね。そのギャップがいいってみんな言ってくれる。一番カラダの相性が合う支社長とは、毎週会ってるのね」

「ご主人にバレない？」

「大丈夫。ケータイにはわざとロックかけてないのね。見るなら見てってテーブルに置きっぱなし。でもパパ（愛人）からメールが来ると即削除してる。わたしがパパ（愛人）にメールするときも気をつけてる。メールで次の予測変換機能があるでしょ。〝明日〟って打つと、〝会えませんか〟って出てきちゃう。危険すぎるから、わたしは間に絵文字をはさんで、予測変換できないようにしてるの」

「ご主人としたい？」

「ダンナさんとは、べつに」

「つい、外でしている癖が出たことないですか？」

「ダンナとするときは、完全に受け身だから。外でするときはもう奉仕しちゃう。だから、追いかけ回されちゃうのかな」

「男を夢中にさせる極意は？」

「とにかくカラダに触って、軽く全身キスしてあげるの。ちょっとしてみようか」

「もうそういう密着取材はしないことにしてますから」

「そう言わずに」

「少しだけですよ」

百合恵の愛らしい舌が首筋から這い、右手は全身をまさぐりだす。

子犬がじゃれてくるかのように、抱きつくと、なおも舌を這わせる。男を気持ちよくさせようとする一途な姿勢に、男たるもの、つい、ぐらっと来るのだろう。

　私もぐらっとしてきた。

　スマン、ご主人。

メガバンク勤務のＯＬ

　都心のメガバンクに勤務する三十八歳の独身ＯＬ・瑛子《えいこ》が私に、秘密めいた微笑を浮かべ尋ねてきた。

「使ったこと、ある？」

　無料でインターネットを通じて見ず知らずの人間と交流できるＳＮＳ（ソーシャル・ネットワーキング・サービス）として、ツイッター、ミクシィ、フェイスブックなどがある。私と瑛子が知り合ったのもあるＳＮＳだった。銀行内の人間関係に疲れ、外の人間と交流しようと瑛子は、複数のＳＮＳに登録していた。

　さて、「使ったこと、ある？」というのはいったい何か。

「うちの部で仕事中に、ぶーんという音が聞こえてきてなかなか消えないから、部長さんが社員みんなに、〝エアコンの電源切ってみて〟って言ったのよ。それでも、ぶーん……って聞こえるの。なんだろう。部長が隣の部屋に探しに行ったのね。

　そしたらわたしの隣にいる女子社員がささやくの。〝言うべきか迷ったんですけど、実は〇

○さんがローターをあそこに入れて一日中使って、電池が無くなると、替えたりしてるんですよ〟って」
〝ぶーん〟はローター音だった。

「そうなの。使ったことある？」

「普段は先鋭的でも、こと性生活において私はコンサバ。使ったことありません」

「あら、意外。すごい真面目で地味な子で、まさかそんなことしているとは思えない。ＡＶの世界でしょう！　朝から晩までローター使ってるなんて」

ローターやバイブは高感度の刺激が確実に得られるので、快感に免疫の無い女性が一度味わうと、依存症的な状態になるケースがままある。銀行内はさらに乱れていた。

「突然、交通事故で亡くなった上司がいたのね。背がすらっとして『島耕作』みたいなイケメンだったの。ロッカーに故人の私物があるから、ご家族に遺品を返すことになったのね。わたしたちが片付けていたら、ロッカーから……電動マッサージ器が出てきたの！　肩もみじゃなくて、あのとき使うやつ。なんでわたしが知ってるかって、突っ込まないで。

そしたら今度は名刺ホルダーに、大量の女の子の写真とプロフィールと陰毛がファイルされてたの！　その中に銀行の部下が何人か入っていたから、静かなパニックなの」

上司はセックスの戦利品として、陰毛をコレクションする癖があったのだ。

「亡くなった上司は、家族思いで、高校生、大学生のお子さんがいて、愛妻家で通っていた

独身ＯＬ・瑛子

の。ところが、ロッカーから女の子の下着もきれいに整理されて出てきて、女子社員ドン引き！」

銀行――お堅い世界に生きる男女も、一皮剥けば牡と雌だ。

瑛子だって、好みのタイプの預金客が来ると、口座残高をチェックするのが楽しみという。

もちろんやってはいけないことなのだが……。

「余裕よー。みんなやってるわよ。うちの銀行、芸能人も多いからね。すごいわよー」

人気の男性アイドルグループの毎月の給料が四百万円という額だったり、ある国民的人気の映画俳優の出演料が億単位で振り込まれたりと、瑛子は芸能界の秘密を垣間見た。

ミクシィで知り合った男

瑛子は短大卒業後、同メガバンクに勤務し、いまや独身組としてもっとも期待される行員となったのだが、仕事に追われているうちに気づくと恋人たちは去り、一人寂しい時間をミクシィなどで満たしていた。

瑛子は乱れに乱れる銀行内の男女関係に辟易し、SNSで知り合った男性たちと恋愛をしようとしていた。

モデルの菜々緒に似た瑛子は、自身の写真をプロフィール欄に載せると、たちまち男性たちから、「お食事しましょう」というコンタクトが毎日数十件も舞い込んできた。

「銀行内ではお局《つぼね》様みたいに見られて、一生独身じゃないのって噂されてるんだけど、いい男性がいたら、すぐ結婚退職したい。ミクシィで知り合った青年実業家がいるのね。今度食事することになったんだ」

その青年実業家とは、ネットのハンドルネームが〝裕〟という。マンモス私大を卒業後、中堅の広告代理店で働き数年前に独立。インターネットを中心にした広告業を開拓する、彼いわく将来有望なベンチャー企業だという。

青年実業家と食事をした瑛子と会った。

「ちょっとさあ、裕くん、格好良かったわよー！　株式会社の代表よ。まだ二十九歳。社員は五人しかいないけど、裕くんがんばり屋で、毎日睡眠時間三時間なんだって。裕くん、写真で見るよりでかいんだ。百八十三センチもあってわたし好みのゴツイ感じ。だから、おー！　この子を食べてみたいって思っちゃったわ。

二人でけっこう飲んだんだよ。初めは緊張して並んで座ってたけど距離があったのに少しずつ近づいてきて、わたしも酔った勢いでシャツの上から胸触ったら〝あっ、弱いんですよー〟って言うから、ええ!?　ちょっと裕くん、乳首舐められたら、いったいどんな顔見せるんだろうって妄想したら、どうしてもしたくなっちゃった」

「で、したんですか？」

「話、聞いてよ。裕くん、最初からホテルへ行く割り切った関係は嫌なんだって。食事しながら色んな話して時間を共有したいみたい。お酒が好きで種類なんかも詳しいし。それでね、可愛いんだよ。〝僕みたいな年下は嫌ですか？〟って言うのよ。お店変えて、また飲んで。気になるでしょ？　したのかどうか。わたし、思い切って聞いてみたの。〝ねえ、裕くん。エッチしたくないの？〟って」

「そしたら？」

「〝したい。ホントは凄くしたい…〟だって。でも、その夜飲み過ぎて時間なくなったから、駅で別れてチュだけしたの。〝今夜、一人でするでしょ？　わたしのこと想像して気持ちよくなって〟って言ったら、〝もちろんします。そのつもりですよ〟だって」

十歳年下の青年実業家に夢中になった瑛子はその後、メールで裕くんと何度もやりとりして、再び食事にこぎつけた。

デート場所は東京スカイツリー。眼下を見おろしながら和食料理を味わい、夜の下町をそぞろ歩く。前もって裕くんお気に入りのスイーツを買っていた瑛子さんは、別れ際にお土産といって手渡した。

「こっちはエッチする覚悟だったのに。渡したスイーツって男の人には豪華過ぎるチョコレートだったのね。年上女のプレゼント攻勢で、裕くん、ちょっと、引いた顔になった。ああ、どうしよう、あれからメール来ないの」

いくつになっても恋に焦がれる女は、可愛いものだ。

一週間後――

「本橋しゃーん！　裕くんからメール来たわよ！　『美味しく頂いてます。ありがとうございました』だって！　わたしの取り越し苦労だったみたい。嫌われてないみたいで安心したわ」

頬を赤らめ、報告する瑛子。もしも裕くんが結婚詐欺師だったとしたら、瑛子さん、身ぐるみ剥がされるだろう。大丈夫か、瑛子さん？

ご主人様とM女

七月の三連休。

瑛子から、デートをしたと報告が入った。

暑い連休を過ごした瑛子の双眸《そうぼう》は、淫猥な男女の秘め事を体験したかのような潤いがある。まさか？

「それが裕くんじゃないの。ちょっと年下の男性」

十歳年下の裕くんとはキス止まりで終わったが、美貌のプロフィール写真はますます効果を発揮し、男たちが誘蛾灯に誘われるかのように瑛子に寄ってきていた。

「その人、わたしが昔付き合った男性に似てるの。はにかんだ感じがそっくり。付き合った元彼は隆ちゃんて言うんだけどさ。よく隆ちゃんに縛られて変わったエッチしてたわ……。まっ、それは置いといて」

瑛子の新たな相手は、外資系に勤務する三十三歳の独身サラリーマンだった。

「人当たりのいい、保守的で、温厚な方なの。わたしのこと、大好きみたいよ。なんかね、わたしの性に対する趣味や嗜好が手に取る様にわかるみたいで、食事した後、ホテルに誘われたのね。タイプだったから、OKしたの」

道玄坂を歩き、右に曲がるときになって、外資系独身サラリーマンは瑛子の左手を強く握ってきた。

円山町の中でもいちばん高そうなホテルに入室した。

「そしたら彼、Sだったの。ま、わたしがMだからちょうどいいんだけど、シャワー浴びる前に、彼が持ってきた赤い縄で縛られて、〝下着つけて犯されたいんでしょう？〟とかローターでオナニー命じられて、わたしがイこうとすると、横からローターを奪うのよ」

「瑛子さんのマゾ体質に火がついてしまった」

「そうなの。わたし、何も言葉発してないのに、〝ダメ、わかるよ〟って。どんなプレイするにしても焦《じ》らすんだもん。わたしのM資質を把握してるのね。〝欲しいときは素直に欲しいって言うんだよ、でも、そんなこと言わなくてもわかるけど〟ってニコッとする。一緒に湯槽《ゆぶね》に入って〝ほら触ってごらん〟って触らせるの。大きくなって固くなるでしょ。わたしはその場で舐めたくなったのに、そんな素振りを見てるのが好きみたい。

〝じゃあ出ようか〟って湯槽を後にするご主人様。わたしはショボーン、お風呂から出てバスタオルで体を拭いていたら……急に後ろから抱きついて攻めてくるの。さっきのM的な余韻が残ってるから、しっとりと濡れてるでしょ。〝やっぱり欲しかったんだね〟って、鏡に映る照れてるわたしを見ながらバックで挿れてくるの。こんな感じっす。それでさあ、昨日、この男からメールがあったのね」

内容は意外なものだった。

「妻子持ちだっていうの。彼は謝るばかりでした。わたしは遊ばれたわけ。裕くんからもメールはさっぱり来ないし……。わたし、男運ってつくづく無いんだなあ」

アラフォー独身女の特質——それはいい男に目が移りすぎる点だ。彼女たちにとって、妥協という言葉は辞書にない。ここまで粘ったのだから、理想の男だけは譲れない。

アラフォー独身女の酷暑は続く。

コーヒー店で働く四十路妻

渋谷は庭だった。

四十三歳の沙和子が最初に就職したのが、宮益坂のビルに入っている生命保険会社だった。

大学は渋谷にあったので、学生時代はよく公園通りやSHIBUYA109に行ったものだ。センター街は怖いイメージがしたので、近寄らなかった。

付き合っている男がいたが、円山町のラブホテルは一度も使ったことがなかった。

「わたしのアパートか彼氏の部屋で、してました。円山町イコールラブホテルのイメージですよね。東電OL事件！　本読んだことあります」

三十歳手前で結婚、相手は合コンで知り合った七つ年上の技術系サラリーマンだった。沙和子は昼間、近所のコーヒー専門店で働いている。長身にコートの上からでも肉感的な四十路妻のカラダが想像できる。

私たちは駅にほど近いお座敷のパスタ店に入った。

「子どもたちは二人とも小学校に上がって手がかからなくなったので、だいぶ楽になりました。朝、お店に出て挽き立てのコーヒーの香りを嗅ぎながら仕事するのが大好きだし、子どもたちが高校に上がるまでは頑張らないと」

人妻ならではの品のいい色気が漂う。

「主人は自動車販売の営業部長をしてるんです。高卒なんですけど、働き者だからどんどん出世して、幹部に出世したんです」

「よかったですね」

「仕事もがんばり屋なんだけど、女のほうも頑張ってしまうんですよ」

「よくある話です」

「限度があります。わかっただけで十人以上、愛人がいて、行きつけの飲み屋で自分がいかにモテるか、浮気自慢してるって噂を聞いたんです」

俺はこれだけ浮気してるんだ、と自慢したりするのが男の勲章だと思ってるのだろう。

男は己《おのれ》のたくましさをアピールするために、過去のワル自慢を吹聴《ふいちょう》したがるものだ。昔、新島に行って女とやりまくったとか、高校生のころはちょっとヤンチャしてたとか。私のように二十二歳まで異性を知らなかった、なんて真面目自慢をする男はあまりいない。

結婚してからも、亭主は女と浮気してることを吹聴するのが男のプライドだと思ったりする。そんな夫に限って、自分の女房は決して浮気なんかやれっこないと信じている。

だが現実は――。

「非日常に憧れるって、主婦がよく言うじゃないですか。わたし、毎日が非日常なんですよねえ。山あり谷あり。ドキドキしたりワクワクしたりしたいっていう願望」

「沙和子さん、ご主人以外の男性と色々？」

「もう我慢しないことにしたんです。主人が言うことになんでも合わせちゃうんですよ。言いたいことも言わないから、沸々と我慢が溜まって、バンと爆発しちゃったの」

既婚者合コンにて

不倫の発火元は、勤め先だった。

「いつもお昼にコーヒーを飲みに来るお客さんがいるんです。近くの税理士事務所で働いている四十代でずーっと独身。税理士試験に合格するまで結婚はしないんですって」

仕事を終えた沙和子が店を出ると、税理士志望の中年男が「食事、どうですか」と声をかけてきた。

「わたしも誘いに乗って、その夜は子どもたちも塾があって帰りが遅いから、お酒を付き合ったんです」

税理士志望の男は己の夢を語り、人妻を口説きだした。

四十代独身男の暮らす1DKアパートに、沙和子は足を踏み入れた。キッチンには洗い忘れた食器が散乱し、敷きっぱなしの煎餅布団は、部屋の主の人型がついていた。

「〝僕は運が無いんだ。毎回試験に落ちてばかりで〟とか嘆いてるから、そんなことないわ、強い運持ってるはずって、励ましたの。そしたら〝僕の運が強いか、ジャンケン勝負で見極めよう〟って、わたしとジャンケンすることになった」

「どっちが勝ったんですか？」

「二度三度やってもわたしが勝つから、今度は何か賭けてやろうってことになって、お酒が入っていたので、わたしから〝あなたが勝ったらキスしてあげる〟って言ってしまったの」

「どうなりました？」

「いきなり彼が勝ちました」

酔った勢いもあって、税理士志望の中年男は人妻の唇に口を押しつけた。甘く柔らかく、そして久しぶりに体験しためくるめく陶酔。むしろ積極的に舌をからませたのは沙和子だった。

人妻・沙和子

「ご主人以外の男に抱かれた瞬間、あなた許して、と思いましたか?」

「えー……(苦笑)。あまり……」

「奥さん。そんなもんですか」

「主人だって……。いけないことしてるって思うと、かえって興奮するでしょ」

「たしかに……。奥さん、過ちは一回だけですね?」

「それが……」

沙和子の知り合いの奥さん主宰による、既婚者同士の合コンが渋谷でセッティングされた。男性陣の中で一際《ひときわ》目立つ大柄な中年男がいた。マッサージ医院を切り盛りする指圧師だ。

「先生は二年前に離婚してるんです。武道全般の段位を持っていてすごくいい体して、顔もかっこいい。何回かマッサージやってもらったの。カーテンで仕切られてる所でしてくれるんだけど、すごい気持ちいいの。指でポイントを押さえて気持ちよくさせるの得意だから、わたしがうつ伏せの状態で背中から腰のあたり押してると……」

二人はその気になって道玄坂を上り、あるラブホテルに溶け込んだ。

「先生とはこの後も何度かあった。先生の男やもめの部屋に行ったんです。意外なことに部屋はそんなに汚れてなかった。お料理したり、お洗濯したりした後、またそうなって……」

「そこまでしてくれるんだから、先生も感謝してるはずです」

「それがあんまり。わたしが掃除すると、かえって嫌がるの。後でわかったんだけど、彼女がいたの！　だったらもっと部屋をきれいにしてればいいのに」

「明るいペシミスト」

私は沙和子から「家に寄っていきませんか」と誘われた。

断る理由もないので、住宅街の中にある瀟洒《しょうしゃ》な一戸建てに招かれた。夫と子どもたちは親戚の家に行っていて帰りが遅いという。

私の視線を釘付けにしたのは、沙和子の本棚だった。タレント・中山秀征とともにお笑いコンビＡＢブラザーズを組み、コンビ解散後は作家活動をしている松野大介の書籍が何冊もある。

「なんで貴女が松野大介を知ってるんですか？」

「だいぶ前に『Ｈａｎａｋｏ』にコラムを連載してからファンになったんです。いま読んでるのは『愛してる、でも結婚はしない』。男心がよくわかるから」

書棚には大正期のベストセラー、幻の青春小説とも呼ばれる島田清次郎の『地上』復刻版も。

なんでまた島清を――。

「ＮＨＫで『涙たたえて微笑せよ』って島田清次郎のドラマをやってたでしょ。あれで知ったんです」

島田清次郎は女性スキャンダルで失脚し、最後は精神のバランスを崩して亡くなっている。

「『明るいペシミストの唄』って、すごくいいです」

〈私は故郷を持たないのだ
私は太陽に接近する。
失はれた人生への熱意――
失はれた生への標的
でも太陽に接近する私の赤い風船は
なんと明るいペシミストではないか。〉

こんな詩がすらりと出てくる沙和子はただ者ではない。書棚には大泉実成著『消えたマンガ家』もあった。

「この流れでいうと、沙和子さん、あなたは滅び行く男を応援したくなる習性があるようですね。……ってことは、『愛読してます』と私にメールしてくれたのも……」

「さあ。主人は小説はまったく読まないし、読むのは決まって金儲けの本ばかり。仕事熱心なのはいいんだけど」

妻は夫に金だけではなく、プラスアルファの何かを求めたがる。無いモノねだりといっては沙和子にきつすぎるか。

「沙和子さん、すぐに済みますから、写真を」

「えー。脱ぐんですよね？」

夫婦の寝室で人妻を淫撮。恥ずかしがりながらも一枚ずつ脱いでいく沙和子の裸体は、実年齢よりも十歳以上若く見える。

「うちの夫はわたしのこといまだに大好きなんですよ。毎日、帰るときにメールくれるんです。かえって好都合。主人が帰る時間が前もってわかるから、それに合わせてわたしも帰宅すればいいし」

不倫相手は、出会い系サイトで知り合った二十歳年下の大学院生だ。

「昨日も会ってたんですけど、旦那と家で一緒に夕飯食べなくちゃいけないから、彼との食事はお腹半分くらいにしておくんです。カモフラージュは大変」

まさか亭主は、目の前で一緒に夕飯を食べている女房が、他の男と夕食してその後に交接したとは思わないだろう。

「わたしが美味しそうにご飯食べるの見て、嬉しそうに微笑んでます」

シロガネーゼの火遊び

パーティールームという、複数人数で入室できるラブホテルが最近多くなってきた。

三人以上、五人、あるいは六人——。

ラブホテルの中には、女子会を開いてもいいところがある。カラオケ大会を開いてもいいし、飲み会になってもいい。

もっとも一番の目的は、スワッピングや複数プレイだったりする。

円山町のラブホテルにもこの形式のホテルがいくつかあり、澄子《すみこ》という港区白金《しろがね》に住む四十二歳の人妻が密会用に使っている。すらりと伸びた脚に男たちは夢中になる。

彼女が付き合っているのは政府与党の国会議員である。出会いは、複数プレイの愛好家を募るサイトだった。

「わたし、すごい性欲が強くて、毎日セックスしてみたいなあって思ってるんです。男の人ってこういうときにどうするんでしょう?」

自身の性欲を率直に打ち明けてくれたシロガネーゼの澄子は、彼女の内面に巣くった情欲の燃え方に面食らっている。

都心の超高級住宅地・白金地区に暮らす夫人たちを「シロガネーゼ」と呼び習わすようになったのは、一九九〇年代後半、光文社発行の女性誌『VERY』で取り上げられてからだった。

「男性が中年になるとエッチになるって聞きますけど、四十路女も同じなんだってわかりました。したくてしたくてたまらないときがあるんです。若いころよりずっとリアルに……」

シロガネーゼは高収入の夫を持ち、優雅な趣味と買い物で時を過ごす専業主婦たちである。

澄子の自宅は二百平米はあるだだっ広いマンションだ。

澄子の夫は、八〇年代に大流行したDCブランドの一画に食い込むファッションメーカー経営者だった。

「わたしもあるDCブランドで働いてたんです。入ってみて気づいたんだけど、ビジネスとして確立されていない業界だってすごく感じました。デザイナーが社長になっている会社はワンマン経営で放漫経営だったり、経営がめちゃくちゃで、人気があるうちはどうにかなるけど、ダメになったときはガタガタと崩れるんです。マーケティングの仕方もいい加減だし、営業さんも育っていないし」

澄子の夫は九〇年代に入るとファッション業界に見切りをつけ、マッサージ業を手始めに総合美容グループを軌道に乗せ、いまでは富裕層の仲間入りを果たした。

「夫婦仲はいいんですよ。主人はわたしのこと大事にしてくれるし、いまでも毎週夜の営みはあるし」

二人の子どもは私立小学校に通い、夫婦そろってメルセデスが愛車だ。

SNS中毒

夫婦間のマンネリ化した性交は、澄子に悦びどころか倦怠感を抱かせていた。

「ママ友から〝SNSやってるのよ〟って聞いて、わたしもやりだしたんです。〝四十歳・人妻〟って素直に書き込んだら、ものすごい数のメールが返ってきたんです。えー なに、これ？主婦ってこんなに人気があるの？」

八〇年代まで、男たちの性的関心は女子高生、女子大生、OLといった職業別独身女性に向かい、人妻はマニアックな存在でしかなかった。何故に人妻が疎外されていたのかというと、この時代までは、男たちは処女性に価値観を置いていたからだろう。非処女の代名詞でもある人妻は、手垢のついた女というイメージで、男たちは敬遠しがちだった。

ところが処女の価値が下がり、不況が長引き、男たちが疲弊してくると、慈愛に満ちた人妻がクローズアップされてきた。澄子さんのようにバブル時代に女性として鍛え上げられた女たちが人妻になると、美貌を保ったまま母となった余裕が男たちにたまらない魅力を感じさせた。

出会い系サイトはちょっと怖かったから、ママ友と歌舞伎町のホストクラブに行ってみた。

「売り上げが欲しいから、必死にお客に食らいつくんですね。もう涙ぐましいくらい。ホストは自衛隊上がりが多いんです。出身地は東北、九州出身者が多い。それでまあ一度だけ、してみたんです。でもうまくない。酒浸りだから元気がないし。むしろホストよりオタクのほうがセックスは上手《うま》いんですね。研究熱心だから。ホストは客とは別に恋人が欲しい。

仕事でみんな精力減退してるからバイアグラ飲むんですよ。体壊して悲惨な末路をたどるんです。来てるお客さん、やっぱりお金持ちそうな奥様たちなんですよ。お金持ちの奥さんたちも、満たされないものをホストに求めているのかな。でもホストの子たち曰く、お客さんも病んでる人多いって」

ゲームサイトで知り合った独身の土木作業員がいた。

「こちらは性欲満たして新しい結婚生活をしようというくらいの気持ちで不倫したんです。夫にはメールで、友達と食事してくるっていうことだけ送って、ホテルに一泊したんです。家に帰ると、ちょっと後悔しました。夫が変な顔したけど、怒らない。その男とは何度か会って気に入られて家の鍵まで渡されたんですよ。わたしって、体の相性もあるけど人間性重視なんです。経歴、年齢関係なく。

だいたい人間性がちゃんとしている人は、社長さんとかの職に就《つ》いている。人の上に立つから。それに性欲も強い。ただ変態チックな要望もあるんです。わたしに対しても切望するから、可愛いところもある。普段虚勢を張って生きているから。わたしに近づいてきて残る男性はそういう人が多くて。サイトでは二十代から六十代まで、いろんな人から需要があるんです」

人妻の携帯には、若い男からの口説きメールが送られていた。

〈ボクをやさしく抱いてください〉

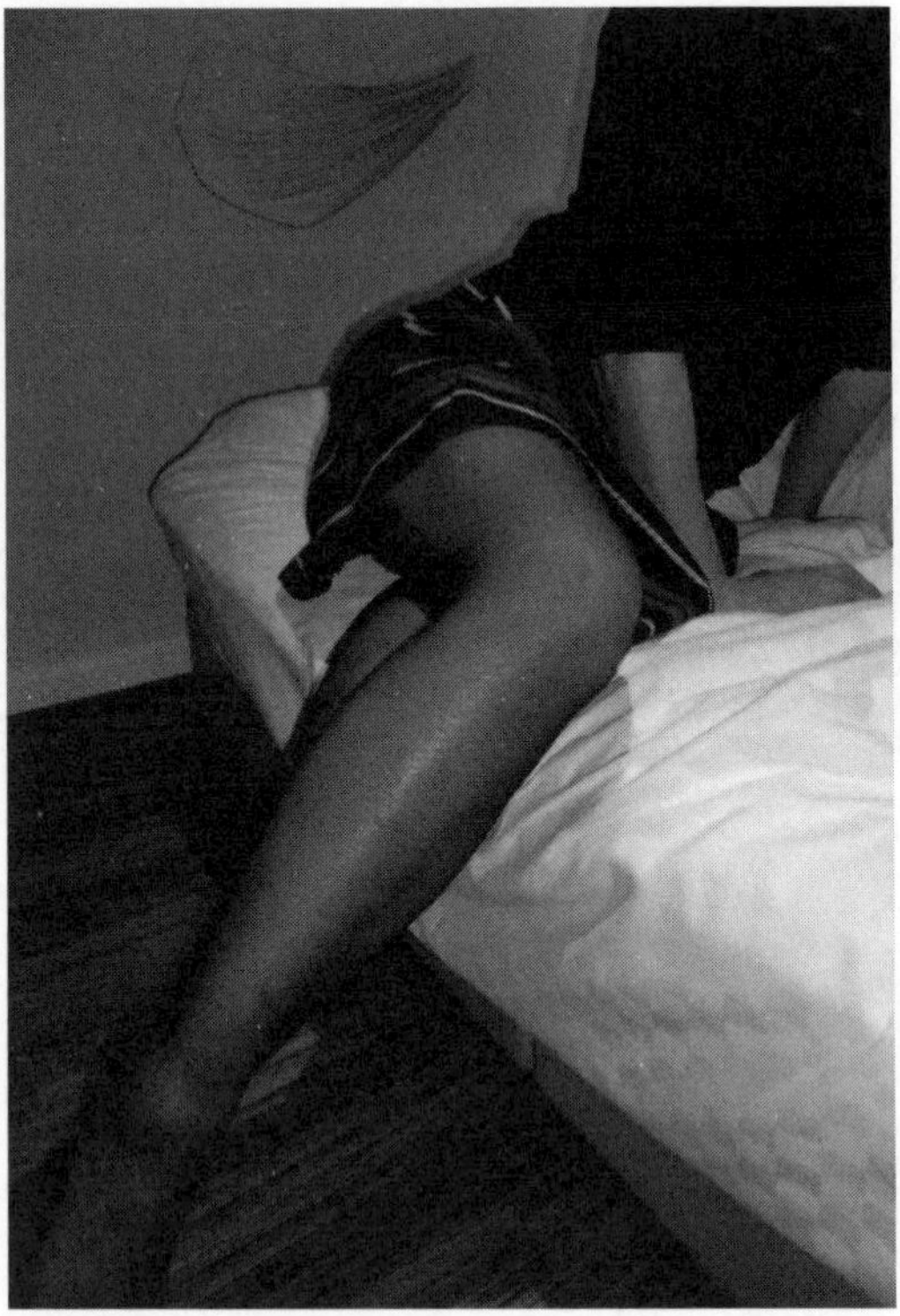

シロガネーゼ・澄子

「抱かせてくださいではなく、抱いてください、というところに草食系男子の片鱗が見え隠れしますが」

「甘えですよ。若い男性は、本当にわたしが癒してくれると思ってるんです。この子、二十五歳で、いまわたしが愛人として付き合ってる男性の中でいちばん若いんです。まだ大学院に通ってる。工学部系。頭いいんですよ」

「そんな秀才と、どこで知り合ったんですか?」

「あるSNSです。パソコンや携帯で簡単にアクセスできるでしょう。要するに男女の出会い系サイトみたいな無料のサイトですよ。年上の人妻に憧れる男の子がものすごく多いんです。茶髪で元気のいい若い女の子だと、女を感じないいんですって」

澄子の柔肌はしっとり、ねっとり吸い付くようで、四十路妻ならではの妖しい色気が漂っている。

「この子、童貞喪失は十五歳で、顔はそんなによくないんですよ。ただ、女の子ウケ絶対いいよなあって感じるんです」

「どういう点が?」

「話も面白いし、気持ちを汲んでくれるし、それなりに男らしいし、エッチが好きだし。〝わたしは本当は五十過ぎの男性がいいの〟って言っても、食い下がってきたんです」

こんな柔肌の人妻を抱けるのならば、年下だろうがなんだろうがどこまでも食い下がるだろう。

「男性も同じだと思いますけど、かえっていけないことをしてると思うと、興奮します」

「その後、年下青年とは？」

「それが……若いとただやるだけなんですよ。わたしは性欲処理係みたいで」

「澄子さんだって、満たされない性欲を外で処理してるわけですよね？」

「そうなんだけど、やっぱり女って、ありがとうの言葉や、思いやりの気持ちが欲しかったりするんですよ」

結局、年下青年とはメール拒否設定にして関係を絶った。

政治家とパーティールーム

次に澄子さんの心を惹きつけた男がいた。

複数プレイ専用サイトの掲示板で知り合った妻子持ちの男だ。

最初のうちは身元をぼかしていたが、そのうちぽろっと「固い仕事をしてる」と漏らした。

澄子はあまりニュースを見ないのだが、それでもどこかで見た記憶がある。

国会議員だということを知ったのは出会って一カ月後のことだった。

政権与党に所属し、テレビにもよく出る議員であり、端正な顔立ちは有権者から熱い支持を集めている。

固い職業ほどストレスが溜まり、自我をさらけ出す瞬間が欲しくなる。

複数プレイで乱れに乱れるときは、まさに自我の解放であった。

円山町のパーティールームがあるラブホテルに入室する。ここのホテルは入口が二カ所離れた所にあるので、別々に入って中で落ち合うことができる。有権者の目を気にする国会議員にとってはベストなホテルだ。

複数プレイは互いにパートナーを交換するものと、女性一人に男性複数、あるいは男性一人に女性複数、さらには相手を固定させずに組んずほぐれつといったパターンがある。

選挙と議員活動で常に緊張感を強いられると、束の間の息抜きが欲しくなるのだろう。

「わたしは刺激的な時間が欲しいんです。ホストだったり、夫以外の男だったり。それに女も尽くしてあげたいんですよ。なんかしてあげたくなるんです。Sっ気のある男に、ぶっきらぼうに言われると男気を感じてしまう。ただ優しくて、なんでもはいはいだとつまんなくなっちゃう。先生も、奥さんを愛していると言うし。わたしも割り切ってくれる男の人のほうが気が楽です」

そして人妻は、しみじみとこうつぶやいた。

「女子大生のころは、まさか自分がこうなるとは夢にも思わなかった」

ラブホテル街では午前中の清冽な空気のなか、従業員が店の前に打ち水をし、黒くなった路面が午前の日差しを照り返す。

いまも人妻と政治家は、円山町のラブホテルのパーティールームに足繁く通っている。

第七章　死と再生の街

「渋谷道頓堀劇場」の支配人

道玄坂のなだらかな坂を歩くうちに、七十歳の「渋谷道頓堀劇場」支配人は息苦しくなる。さすがにこれは心臓が悪いのだろうと、病院で診察してもらったところ、医師から「心臓は年相応、冠動脈が狭くなっている所もないし大丈夫」と言われた。

ほっとしたのも束の間、医師が冷たく告知した。

「左の肺の下のちょっと白いのが気になるんだなあ。うち心臓専門だから呼吸器内科行って診てもらってください。ＣＴ画像をあげますから」

呼吸器内科に行った。

「ちょっとこれ、癌くさいなあ……。組織検査しましょう」

検査入院二日後。

「癌、間違いないね」

進行度はステージⅠ、不幸中の幸いで大事に至らずに済んだ。

「渋谷道頓堀劇場」は、道玄坂から百軒店入口を右手に入ったすぐの場所にある老舗のストリップ劇場である。

劇場を訪れた私たちを相手に、支配人は淡々と語る。

「ステージⅠで発見されるってこと、ないない。もうだいたいⅡかⅢくらいですよね」

私と藪下秀樹は目の前で旨そうにタバコを燻《くゆ》らせる支配人に、おせっかいだろうけど注意を促した。

「余計なお世話ですけど、タバコ止めましょう」

「まあ強がりかもわかんないけど、止めようと思えば止められるんです。家帰ると、一本も吸わないですから、なけりゃないでもいいんですよ。ただ家を出てくると、もう(タバコが)ないと寂しい。飯食った後の一本、美味しいですもんね」

肺癌になったとき、医師に「タバコやめたら治りますか?」と尋ねたら、「治りません」という答えが返ってきたので、いまでもタバコは吸っている。

「お子さんもいらっしゃるんですか?」

「いますよ。でも、七十まで生かしてもらったから、いいかなと思って。ちょっと次の東京オリンピックまで無理かもわからんなあと思ってるんですけど」

何度も命拾いしてきた人生だった。

支配人は昭和十九年、太平洋戦争末期、台東区清島町で生まれている。

空襲が激しくなり、両親は子どもを連れて空襲の少ない京都に疎開した。

終戦直後、生まれた地区に戻ってみたら見渡す限り焼け野原で、ここに住んでいたら死んでいるところだった。

平和な時代になってからも、少年はしばらく京都に居続けた。

「芋ばっかり食ってたって記憶はあります。細くて甘くも旨くもないサツマイモばっかり食わされて、私、五つくらいで栄養失調になったことあるからね」

大学を卒業する二十二歳まで関西にいた。

高校生のときの遊び仲間だった先輩がふらりとやってきて、

「おまえ、いいところにいた。ちょっと人手が足りないから、これ持って熊本へ行ってくれないか」

言われるままギターと譜面を持って、「銀河」という大きなキャバレーに辿り着くと、ベテラン歌手がステージで歌っていた。

そこからが長い芸能生活の始まりだった。

「この仕事面白れえなあと思ってね。若かったんだね。ショーが終わればさ、〝おうっ〟って誘い合ってみんなで酒飲みに行ったり、飯食ったりするわけでしょ。終戦後でホテルがまだ珍しかったころに、毎日ホテルに宿泊して豪華な食事が付いたんだ」

気がつくと芸能界で売れっ子歌手のマネージャーをやるようになった。毎日が目の回るくらい忙しい。ピークは昭和五〇年代前半にデビューした超大物女性シンガーの事務所で働いていたときだったが、数年でブームは去り、事務所は解散。

仕事にあぶれたとき、「うちに来ないか」と声がかかった。

呼ばれた事務所は、ポルノ女優・愛染恭子が所属するプロダクションだった。

愛染恭子がピンク映画『白日夢』の主演として爆発的な人気を集めたころで、ストリップ劇場に愛染一座として巡業に回ると、どこも満員になった。

興行主が居直ってギャラを払わないこともあったり、強面たちから脅されたり、あやうく命を落としそうになったり、芸能界から興業界へと修羅場をくぐり抜け、しぶとく生きてきた。

愛染一座が解散して、今度はストリップ劇場へ飛び込んで、いまがある。

ストリップ劇場の今昔

ところで、渋谷道玄坂にありながら、なぜ店名が「道頓堀劇場」なのか。

「私もオープン当時はまだいなかったので詳しいことはわかりませんが、ここは道玄坂だから、もともとは『道玄坂劇場』で店の看板を発注したわけ。ところがオープン前日、看板屋が持ってきたら、ちがう！　何を間違ったのか『道頓堀劇場』って作ってきちゃったのよ。このネオン看板っていうのは製作に一カ月くらいかかるわけだ。もう全然間に合わないわけよ。それでもうすったもんだして、多分まけさせたと思うんだけど、〝もうしょうがない。じゃあ、『道頓堀』のほうが有名だから、いいか〟っていうことになったの」

昔は、ショーの合間にコントがあった。ストリップ劇場は芸人にとって貴重なステージだった。

コント赤信号、その師匠である杉兵助、レオナルド熊らがこの劇場で腕を磨いた。

1970年に開場した「渋谷道頓堀劇場」

「支配人さんは、実際見られたんですか、コント赤信号だとか」

「知ってますよ」

「将来、ブレイクすると思いました?」

「全然思わない。使いっぱしりで〝タバコ買ってこい〟だの、〝ティッシュ買ってこい〟だの、小遣いやれば、あいつらどこでも行ったから。だからお姉さんたちもけっこう便利に使ってたもん。そのうちにテレビ局の人が来て『花王名人劇場』っていうお笑いの登竜門の番組をやるんで、新人を出してほしいということになって、コント赤信号が出演し勝ち抜いていったのが人気の発端ですよね。アハハハ」

ストリップ劇場がもっとも栄えたのは、いつだったのか。

「やっぱり昭和五十年から六十年までの十年間じゃないですか。この時期のストリップは儲かったんですよね。そのころなんでお客さんが来たかというと、風俗がなかったからですよ。あのころはソープとピンサロしかないんだから。

当時は学生さんも多かったし、お金のない人は劇場へ来て、あとはてめえでやってって感じだったからね。それがもう、ファッションヘルスみたいなのができて、若い人は即効性が欲しいんで、そっちへ流れちゃった。あ、ちょっとすいません、五分だけ席はずしていいですか」

支配人はいったん奥へ引っ込んだ。

昔は客がポラロイドカメラでステージの踊り子を撮影して写真を購入したものだが、いまではデジカメ撮影になって、支配人がプリントアウトして客に配っている。

値段は一枚五百円。支配人も忙しいのだ。

昭和五十年代はストリップ劇場のステージに客をあげて、じゃんけんで順番を決め踊り子と性交する〝まな板ショー〟が全盛を極めた。

この劇場でも、まな板ショーが人気を博した。

終演間近になると入場料がサービスで千円ポッキリになり、しかも人気の踊り子が登場する。

じゃんけんに勝てば、一千円だけで人気の踊り子と肉交できる。

ＡＫＢじゃんけん大会よりも本気の勝負になったことだろう。これも庶民パワーだ。

ところで踊り子でも人気が出る出ないという差は、どこにあるのだろう。

「癒しがあるとか客への対応、可愛さ、ボディの綺麗さとか若さとか、いろいろ付帯条件もありますけど、そうねえ……面接だけではわからないですね。この子、なんで売れないの？っていう子もいるもん。やっぱりお客さんしかわかんない。お客さんのアンケートはけっこう取るんですけどね。お客の好みは千差万別だから、ちょっと難しいですよね。私らでもなかなか掴めないんだから」

昔は親の借金や入院費のために舞台に立ったという踊り子が多かったが、いまでは海外旅行に行きたいから、シャネルのバッグを持ちたいから、といった子が増えた。

お客は、踊り子というのは貧しくてストリップ劇場で仕事してるんだろうと思い、贈り物をしたり、懸命に励ましたりするのだが、実際は踊り子のほうが客よりも懐具合は豊かだったりする。

「男のほうが純情だね。それに女々《めめ》しい」

いまではストリップ業界も客が減り、年金暮らしのお年寄りが大半になった。

劇場に足を運ぶお年寄りは性欲もあるのだから、ストリップ好きは健康のバロメーターであろう。

最近では、中国、韓国、台湾といったアジア系外国人が東京観光でよく劇場に来るようになった。アジアでストリップ劇場があるのは日本だけなので、アジア系外国人にとっては珍しいらしい。

「道玄坂と円山町、それはもう百八十度以上昔と変わりましたね。まず円山町のお茶屋さんがなくなった、芸者さんがいなくなった、見番がなくなった。やっぱりその辺でもう円山町は衰退ですよね。昭和六十一年以前はありましたよ。ありました。夕方になると三味線聴こえてたもん。この辺も夜、サラリーマンが多かったんですよ。だってここ百軒店っていうくらいだから、飲み屋さんがこの奥にいっぱいあったんだ。そういうお客さんが帰りの夜八時九時に寄ってくれたりしてたんですよ。だけどいまじゃみんなマンションになっちゃったから、夜六時過ぎて十人入ればいいほう」

それでも、寄席に来る落語ファンは昔から少なからずいるように、ストリップ劇場に足を運ぶ熱心なファンというのもいまなおいる。

消えそうで消えないストリップの灯。

道頓堀劇場の夜は更《ふ》ける――。

デリヘル嬢のSOS

円山町ラブホテル街――

水漏れ工事中、作業員が土砂に埋もれて亡くなった場所に、花束と缶ビールが供えられている。

両手を合わせ、しばらく黙禱《もくとう》して、円山町をそぞろ歩く。

死は突然、襲ってくる。

東電OLにとって店に所属していなかったことが、死を早めた。

八〇年代に多発したラブホテル殺人事件の犠牲者のほとんどは、フリーランスの売春婦だった。

客が待っているホテルに向かうデリヘル嬢も、いったいどんな男なのかわからない。

かなりの率でドラッグをキメている客もいる。

キメていると、ついデリヘル嬢にも勧めてくる。

デリヘル嬢に体を舐めてもらう前に、ドラッグの水溶液を塗っておいて、知らぬ間にデリヘル嬢が舐めてしまいトリップするのを狙ったりする。

リュックの中にデジカメを仕込み盗撮したりする。

もう一人がトイレに隠れていて、強盗に早変わりしたりする。

こんな危険を避けるために、ホテルに派遣するデリヘル店では、デリヘル嬢とSOSの符丁を共有している。

デリヘル嬢が部屋に到着したとき、客の態度がどこかおかしかったり、ドラッグの共犯者にならせようとしたり、盗撮カメラに気づいた場合、デリヘル嬢は店に到着した旨を知らせるときに、前もって決めている符丁《ふちょう》を伝える。

「お釣り持ってこなかったのでよろしくお願いします」

「タオル用意しておいてください」

「交通事故があって道が混んでました」

等々、緊急事態を意味する符丁がある。

デリヘル嬢から発せられたSOSによって、店の男が部屋まで駆けつける。

その前に店側が電話を代わり、客に注意を与えるとたいていは沈静化するのだが。

バブル期には、軽く握った手を口にもっていくジェスチャーをする柄の悪い男たちが、あちこちにいた。

このジェスチャーはシンナー密売の符丁だった。

二十一世紀のいま、渋谷の密売人たちに符丁はあるのだろうか。

時々すれちがう密売人らしき男を観察していても、符丁らしきものは示さない。

ネット時代になったので、密売はSNSを使っているのかもしれない。

ソープランドでもファッションヘルスでも、店のホームページがあるので、客は事前に調べて直接店に向かうようになった。

冷やかしで店をのぞくことがなくなったので、街をそぞろ歩く冷やかし組は激減した。

昔のような混沌とした街頭風景は減っているのだろう。


円山町の夜空に月が浮かぶ。

ラブホテルでは今夜もカップルが生殖に励み、何パーセントかは受胎し、目的を果たせなかった白濁液はコンドームやティッシュに廃棄される。

ラブホテルで受胎して生まれた人間は相当数に達するはずだ。

「いま少子化が問題になっていますけど、我々の業界って、むしろ少子化対策に貢献してると思ってるんですけどね」

と渋谷ホテル協会の波木井孝幸組合長が力説したのを思い出した。

今は無きカツサンドの名店

最近、円山町周辺で目につくのは水タバコの店だ。

水をガラス器具に入れて、樹脂に近いタバコの葉を炭であぶり、パイプで煙を吸って楽しむ。

中東の風習であり、黒っぽい樹脂状のタバコがなにやら怪しい気分に浸らせて、若者たちに人気がある。これからは激減したハーブ店に代わって、水タバコ店が増えそうだ。

花街には味の名店が多く残っている。

百軒店入口付近には、昭和初期から終戦後にかけて創業した名店が集まっている。

ラーメン店「喜楽」は創業昭和二十八年、シンプルな中華ラーメンで昼時になると坂道に行列ができる。

近くにある「ムルギー」は昭和二十六年創業、カレー店の老舗でファンが多い。

付近には昭和元年創業、「名曲喫茶ライオン」がある。空襲により全焼したものの、昭和二十五年、創業当時のデザインで再建した。いまでは数少ないクラシック音楽を鑑賞する喫茶店であり、大声での会話は慎まなければならない。

次々と新しい店舗ができる渋谷にあって、よくぞいままで生き延びてきたと感動する。

一九九七年三月、東電ＯＬ事件が発生した直後、雑誌の取材で「幸要軒」を訪れたことがある。

道玄坂２丁目の路地にある「名曲喫茶ライオン」

月刊誌『チェックメイト』（講談社・現在休刊）の「グルメ虎の穴」という連載で、毎回テリー伊藤が名店を訪ね歩き、味とドラマを語るのを私が聞き書きするという企画だった。

昭和六年からこの地で営業を続ける老舗であり、店主は二代目に替わっていた。

厳格な父親が残したカツサンドが「幸要軒」の財産である。

あの森田芳光・三沢和子夫妻もここのカツサンドを愛していた。

三善英史も、ここのカツサンドをよく食べたと回想していた。

「幸要軒」の四十六歳の二代目は、高校を出てから赤坂ＴＢＳ傍のフランス料理店で七年間修業を積んだ。

「そこのチーフも怖かったけど、うちの先代の親父のほうがもっと怖かった」

壁には、先代が地元警察署から贈られた防犯感謝状がびっしり貼られていた。

「いやいやいや、みごとじゃないですかー！　お父さん！」

テリー節が店内に炸裂する。

多くのグルメを唸らせた名物カツサンドは、カツから滲み出た旨味がパンの味とミックスされ、懐かしい味が口の中に広がる。

千三十円というけっして安くないカツサンドを買いに、遠方からやってくるお客もいたほどだ。

二代目が二十年前に考案したキャベツ丼は、どんぶりご飯の上に千切りキャベツを盛り、その上にとんかつをのせ特性ソースをかけて食す、ソースカツ丼のようなメニューだ。

「キャベツの千切りといっても、みずみずしさを出すのって難しいんですよ。機械で切っちゃだめ。一枚ずつはがして、手で切ることであの柔らかさが出るんです」

食肉店から買うとんかつ用の肉は、まとめ買いしたものではなくその日に買った肉だから新鮮だと打ち明ける。

夫人がコーヒーを淹《い》れてくれた。エプロン姿で細面の美しい女性だ。近所の喫茶店で知り合い二年間つきあって結婚したという。

二代目は、「うちの奥さんがいなかったらこの店やっていないですよ」と告白した。

愛妻家発言に、「ご主人、愛は深まるばかりですね！」とまたもやテリー節が炸裂。

厨房にいるときも外出するときも一緒で、「夫婦なんだから当たり前」と言い切る二代目は、本当に奥さんを大事にしているのだと感じたものだ。

二代目が結婚したのは四十一歳のとき。

たまたまこのときの私も四十一歳。独身だった私は別に独身主義を貫いているわけでもなく、付き合っている女もいたのだったが、もうひとつ踏み切れないでいた。そんな自分の置かれた立場とカツサンドがミックスされ、ほろ苦かったことを記憶している。

「昔から住んでいる人はみんな出て行っちゃったけど、この街はまだまだ人情味がある所ですよ」

そう言っていた二代目だったが、二〇〇〇年ごろ、突然店をたたんだ。

消えた名店はまだある。道玄坂の魚屋『魚重』、洋食屋『ふたば』、ステーキの『石川亭』、うなぎ・どじょうの『平埜屋』、ロシア料理『サモワール』。

渋谷の死と再生

NHK『ブラタモリ』で、タモリが早稲田に入学するために上京した一九六五年、渋谷駅で地下鉄銀座線が地中から出て地上の高架橋を走る光景を見たことが、東京の地形に興味をもつきっかけになったと回想していた。

渋谷駅は谷底にあるので、地中を走る銀座線車両が駅に着くときは地上に出てしまう。

渋谷の地形を形作った渋谷川は、いまでは渋谷駅に直結した東急東横店の地下一階部分を暗《あん》渠《きょ》となって流れている。そのためデパートの売りでもある「デパ地下」が、東急東横店に限っては一階にあると番組で解説していた。

マークシティ、ヒカリエという巨大建築物が建ち、公園通りのパルコも古くなってきたので建て替えがおこなわれる。渋谷大改造は十年二十年単位で進み、都市空間の余ったスペースを利用するために、地下はどんどん深くなり、地上はどんどん高くなっている。

円山町を取り囲むのは、松濤、南平台、といった都内でもっとも高級な住宅地である。道一本隔てただけで、まるで結界を張るかのように街の景色が変化する。

「渋谷って路地と坂が面白いんですよ。これを不便と考えるんじゃなくて、路地と坂を楽しいものだと捉えるのがいいんですよ」

古くから円山町を見てきた神泉駅前の喫茶店「カフェ・ド・ラ・フォンテーヌ」の店主・佐藤豊が未来の渋谷を語る。

「円山町やその周辺も、細い路地とか裏路地を活《い》かすような街づくりをしたら、面白いと思うんですよ。渋谷駅の付近とか見てもらうとわかりますけど、すべて大型チェーン店になってるでしょ。路地なら大型店が入って来ないで、独自の店が出店できる。大人は騒がしいよりもちょっと秘密めいた場所を探すと思うんです。そういう個人店は隠れ家的な路地裏がいい。

渋谷駅周辺に比べて不動産も安いですし、路地を借りて店出ししたほうが面白いじゃないですか。だからいま、渋谷駅の西側円山を中心にした裏渋谷に個人オーナーが出店してるお店が増えてますよね。路地の面白さを円山（町）も再開発していくべきだろうと思います」

たしかに平らな土地は住宅街にはいいが、歓楽街や買い物を楽しむ街としてはむしろ坂や路地があったほうが楽しいものだ。

谷底にある渋谷駅周辺や小高い丘にある円山町——渋谷が人を惹きつけるのも、地形の複雑さがあるからだろう。


街ではつねに何かが消え、何かが生まれる。

死と再生――。

滅ぶのは時間の問題と言われた円山町の芸者も、鈴子姐さんの弟子が育ち、四人現役でお座敷に出ている。

ラブホテルも代替わりが進み、生き残りをはかっている。

東電ＯＬ事件はいまだ未解決のままで、道玄坂地蔵は被害者の化身となっていまもたたずんでいる。

ファッションヘルスを三軒持つようになったあのニヒルなマスクの店長は、その後、猛烈な働きぶりと丁寧な接客、女の子たちへの面倒見の良さが功を奏し、いまでは十軒以上の店を持つようになった。

その店長から連絡が入った。十八年前、私が結婚を考えていた二十歳のヘルス嬢の消息を尋ねていたのだ。

「消息がわかりましたよ。客で来ていたサラリーマンと結婚して、子どももいるみたいですけど。それで……なんか、だいぶ前に亡くなったって聞きました。うちの従業員が告別式に出たらしいんです。くも膜下出血とか聞きましたけど。あの子、痩せてたけど、わかんないですよね。いつぱったり来るか」

円山町は小高い丘にある。

エピローグ

前作『東京最後の異界　鶯谷』から一年後、続編のような本が仕上がった。

料亭が建ち並ぶ古い街だった渋谷円山町も、時代とともに過去を脱ぎ捨て、ラブホテルの街となり、いまではクラブ、シアター、ライブハウスが進出する若者の街になりつつある。

街は油断しているとまったく別の姿になっている。

変わりゆく円山町を活字と写真で残しておこうと、この企画が生まれた。

私を突き動かしたのは、本書に登場する円山町に関係のある二人の女性だった。

一九九七年に発生した事件の被害者と、この地で働いていたある風俗嬢である。


前回同様、カバー写真の撮影は東良美季氏が担当した。

本文にも書かれているように、今回はなかなか恰好の撮影スポットが見つからず苦労したが、私が原稿執筆中に彼から送られてきた写真は、本の中身を象徴するのにふさわしい一枚だった。

東電ＯＬが夜ごと立っていたあたりの道玄坂地蔵が被写体になり、偶然通りかかった白いコートの女性が映り込んでいる。東良美季という人物の本業は作家であり、カメラマンではないのだが、こういう何かを思わせるドラマ性のある写真を撮らせたら右に出る者はいない。

本書のカバー表紙の写真は、ビートルズの『アビーロード』アルバムジャケット裏面でブルーのミニスカートが横切る写真に匹敵するだろう。


森田芳光監督作品『家族ゲーム』で主演を果たしたのが故・松田優作である。

偶然にも東電OL事件について貴重な話を提供してくれた作家・松田美智子さんは、故・松田優作元夫人である。

話を聞いているうちに、『の・ようなもの』から『家族ゲーム』がつながって私のスクリーンに映し出されるような気がした。


なお文中では敬称を略させていただいた。

鶯谷から円山町へ。

東京の異界を探ってきた。

今回も藪下秀樹氏とフリー編集者・杉山茂勲君という絶妙な三人チームが、円山町を探訪した。取材が進むにつれ、すっかり円山町の地理に詳しくなっただけでなく、芸者の世界にも親しみをおぼえるようになった。

お二人、お世話になりました。

本書に登場していただいた方々、A社長を紹介してくれたり、取材に協力してくれた元フリーランス記者・野島茂朗氏、本書にかかわっていただいたすべての方々に感謝したい。

二〇一五年一月　本橋信宏

参考資料

『お母さん、もっと生きて欲しかった』三善英史　夢グループ
『母、紅雀のおゆきさん』工藤忠義　ごま書房
『ろまんの残党』石川達三　中公文庫
『東電OL事件　DNAが暴いた闇』読売新聞社会部　中央公論新社
『東電OL殺人事件』佐野眞一　新潮文庫
『東電OL症候群』佐野眞一　新潮文庫
『東電OL強盗殺人事件　午前0時の逃亡者』永島雪夫　リアン
『放浪記』林芙美子　青空文庫
『三都花街めぐり』松川二郎　誠文堂
『凹凸を楽しむ　東京「スリバチ」地形散歩』皆川典久　洋泉社
『創立50周年記念誌　50年の時を刻んで』渋谷ホテル旅館組合
『創立60周年記念誌　60年の時を刻んで』渋谷ホテル旅館組合
『渋谷ホテル旅館組合史』有賀千晴
記事「新・家の履歴書　森田芳光」朝山実　週刊文春2007年10月11日号
記事「東電OL事件に見る『コントロール喪失』の病理」本橋信宏　月刊現代1997年6月号
記事「私と東電OL交際の真実」月刊現代1997年7月号
記事「特別読物　『東電OL事件』から10年を迎えた『円山町』」松田美智子　週刊新潮2007年3月22日号
記事「円山町殺人事件　東電OL、39年の孤独」松田美智子　UNO! 1997年6月号
記事「円山町殺人事件　ある大学教授の告白。」松田美智子　UNO! 1997年8月号
DVD『の・ようなもの』監督・森田芳光　角川エンタテインメント
DVD『渋谷区円山町』原作・おかざき真里　監督・永田琴　video maker
渋谷円山町会・公式ホームページ　http://maruyamacho.net/
渋谷駅中心地区まちづくり指針2010
http://www.city.shibuya.tokyo.jp/kurashi/machi/shibuya_shishin.html

編集　杉山茂勲
装丁　妹尾善史（landfish）
本文DTP　White Room
地図製作　江田貴子
本文写真　東良美季、本橋信宏、杉山茂勲

本橋信宏 もとはし・のぶひろ

1956年4月4日、所沢市生まれ。早稲田大学政治経済学部卒。創造的かつ先鋭的な創作活動を続ける書き手として注目を集めている。ノンフィクション、小説、エッセイ、評論等、幅広く活躍している。

著書に、自伝的ノンフィクションノベルス『裏本時代』『ＡＶ時代』、短編小説集『フルーツの夜』（以上、幻冬舎アウトロー文庫）、男女の群像劇を活写した『新・ＡＶ時代 悩ましき人々の群れ』（文藝春秋）、45件の重大事件の真相に鋭く迫った『戦後重大事件プロファイリング』、認知科学者・苫米地英人博士との共著『ドクター苫米地が真犯人を追う！ 11大未解決事件』、潜入ルポの傑作『＜風俗＞体験ルポ やってみたら、こうだった』『やってみたら、こうだった＜人妻風俗＞編』、各界著名人の童貞喪失を聞き書きした『やってみたら、こうだった＜あの人の童貞喪失＞編』（以上、宝島SUGOI文庫）、人妻文化論の金字塔『なぜ人妻はそそるのか？「よろめき」の現代史』（メディアファクトリー新書）、消えゆく東京のノスタルジックな建物、記憶の地を逍遥した『60年代 郷愁の東京』（主婦の友社・日本図書館協会選定図書）、『東京最後の異界 鶯谷』（宝島社）など。

迷宮の花街 渋谷円山町

2015年2月5日 第1刷発行

著 者 本橋信宏
発行人 蓮見清一
発行所 株式会社宝島社
〒102-8388 東京都千代田区一番町25番地
電話（営業）03-3234-4621
（編集）03-3239-0069
http://tkj.jp
振替 00170-1-170829（株）宝島社
印刷・製本 サンケイ総合印刷株式会社

ISBN978-4-8002-3427-8
JASRAC 出 1500030-501